"日本国家助学贷款制度的嬗变：1943–2010"（项目编号：12YJA880136）研究成果

日本国家助学贷款制度的嬗变 1943-2010

徐国兴 / 著

上海三联书店

目　录

表 目 录

图 目 录

第一章 序 论

本章界定进一步分析所需要的核心概念,并在此基础上构筑相应的理论框架。同时,归纳有益于本研究开展的先行研究的主要结论。最后,设定今后研究的主要内容的基本结构。

第一节 核心概念界定

本节界定日本、国家助学贷款制度和制度嬗变三个基本概念。

一 日本

历史地看,日本在世界现代史上具有特殊地位。它是较早成功地进行现代化转型的落后国家之一。[①] 现在,日本的

---

① 阿尔伯特・克雷格. 哈佛日本文明简史. 世界图书出版公司,2014:105—149.

经济与教育尤其是高等教育制度的发展水平都位居世界前列。其经济和教育制度的发展模式及内在特征半个多世纪以来一直为世界各国的研究者所关注。

现代国家是社会群体生活发展的高级阶段。历史和比较地看，它有以下几种主要形态，①日本自然也不例外。人类社会的三种主要国家形态如下：第一，自然形态的国家，即Country。这是一个空间概念。第二，文化形态的国家，即Nation。也有研究者称之为民族国家。这是空间概念在时间上的延伸，当然，空间概念在历史延伸中，其自体的内涵与外延也会发生一些显著变化。第三，政治形态的国家，即 State。这是时空概念的国家的内部结构之间的互动以及与外部环境之间的互动的结果。②虽然从发生学上来看，三者依次出现，但是在现代社会里，三种国家形态之间互相影响和互为因果。本研究侧重于从政治国家的角度来解剖现代日本，同时尽力寻找政治国家的制度运行背后的文化因素。

从最广泛的意义上来说，现代国家的政治就是政府有意识地管理社会的活动。为了更好地管理社会事务，政府必然会创建各种社会制度，这就是广义的政治制度。道格拉斯·C.诺斯认为，制度由正式规则、非正式规则和实施的形式与有效性三者组成。③本研究则关注正式规则部

---

① 戴维·波普诺. 社会学(第十一版). 中国人民大学出版社,2010. 520—549.

② 这是笔者在上述引文基础上,对自己对引文主旨理解的总结。原作者并没有明确指出这三种国家形态的历史存在。

③ 道格拉斯·C.诺斯. 制度、制度变迁与经济绩效. 格致出版社,2008. 4—5.

分。① 这个意义上的政治制度的内涵非常广泛,包括一般社
会学理论中常说的政治制度、经济制度、家庭制度、宗教制度
与教育制度等不同制度。因此,教育制度本质上是现代国家
的政治制度的重要组成部分。不过,本书中以下使用的政治
制度一词大多是在一般学术意义上使用的,即与教育制度同
时作为整个社会制度的下位制度之一的狭义的政治制度;另
一方面,现代国家的各种政治制度也不完全是政府主观意识
支配的必然结果,也有该制度自发演进的偶发因素和不可控
因素的影响在内。因此,历史地看,现代教育制度的形成过程
可以说,就是政府介入与教育制度自我发展的双向互动过程。
由于不同国家的政府对教育制度发展介入的范围、程度与方
式明显不同,因而政府介入所产生的结果也会略有不同。

　　与现代国家的经济制度和政治制度相比,现代国家的教
育制度的存在和发展带有更多侧面和更高程度的"人为
(man-made)"色彩。在西方的国家教育制度之中,高等教育
或者说大学制度的历史极为悠久,大都早在现代国家形成之
前就已经出现、成型并高度繁荣。② 即使如此,他们的现代高

---

　　① 道格拉斯・C.诺斯及其弟子非常关注非正式规则在制度演变中的重要
作用。他们认为,在某些时空条件下,非正式规则甚至在制度变迁中起着决定性作
用。在人类社会发展历史的大部分时间里,也许确实如此。然而,在第二次世界大
战后的世界上的一些发达国家里,由国家主导的正式规则无疑发挥着越来越重要
的决定性作用。制度经济学之所以在中国的影响远远超过了孕育理论的本土,可
能主要就是因为它对历史的探索无意间契合了中国的制度现实,因此引起了中国
学者的巨大共鸣。在正式规则和非正式规则的相对作用和重要性这一点上,作者
并不完全认同道格拉斯的制度学派理论。限于篇幅,本文对此不做过多讨论。
　　② 海斯汀・拉斯达尔. 中世纪的欧洲大学(第一卷). 重庆大学出版社
2011:1—13.

等教育制度仍然是无比强大的国家形成后，国家机器对传统高等教育制度进行了大幅度改装后的有目的的产物。日本的高等教育制度更是如此。① "人为性"教育制度具有极强的规则化的层次性（hierarchical）。现代教育制度由不同类型与层次的下位制度即更具体的制度按照一定人为规则组成体系。比如整个教育制度可以分为义务教育、中等和高等教育制度等。而高等教育制度又可以具体细分为很多下位制度，本课题的国家助学贷款制度就是高等教育制度的组成部分之一。同样的道理，如下所述，国家助学贷款制度本身也是由很多密切联系的下位制度组成的一个完整的现代教育制度的子体系之一。②

---

① 天野郁夫.大学的诞生.南京大学出版社,2011:1—5.

② 如前所述,道格拉斯·C.诺斯认为,制度由正式规则、非正式规则和实施的形式与有效性三者组成。如果详细考察道格拉斯·C.诺斯在论文中所使用该词语的具体语境,不难发现其中的"正式规则"的核心内涵应该基本对应于中文中常用的"体制"一词的内涵,"实施的形式与有效性"的核心内涵应该基本对应于中文中常用的"机制"一词的内涵。如此一来,"正式规则"就是明确的法律·政策文本所表现的制度的"应然"状态,"实施的形式与有效性"就相当于制度的"实然"状态。本文一方面说,本研究重在分析"正式制度"即"正式规则",另一方面又说,要从日本国家助学贷款制度的下位制度的角度进行分析研究。长期以来,我国法律对相关制度的规定一般较为简略。对此特征,不能简单视之为我国制度的简陋和原始,更应该从中文的语言特质和我国法律的历史文化传统的角度来进行多角度和多层次观察。这里,对此略而不论。简而言之,中日比较起来看,日本的国家助学贷款制度的有关法律·政策规定较为详细。因此,在日本的"正式规则"的相关法律政策文本中,也可以看到很多在国人看来应该属于"机制"的"正式规则"包含在里面。比如,在日本的国家助学贷款相关的法律政策中,竟然详细规定了不同贷款总额的贷款使用者在毕业后的不同的还款期限和年间还款金额。而且,美国联邦助学贷款制度的有关法律规定也是如此。因此,本课题从下位制度对日本国家助学贷款制度进行学术观察,换成中国式的学术话语,实质上重点无疑是聚焦于日本国家助学贷款制度的运行机制。至少可以如此说,本课题的研究对象为介于"正式规则"与"实施的形式与有效性"两者之间的某种制度运动中出现的实际形态。

本研究准备从国家助学贷款制度这个角度切入,来上溯分析日本高等教育制度尤其是高等教育财政投入制度及其运行的诸内在机理的基本特征,并进而触及日本这个国家的整个经济社会发展中人力资源开发投资制度的基本模式及其特征。最后,还尝试探索该制度背后隐含的历史文化因素。也就是说,本研究意图把日本国家助学贷款制度作为一只"麻雀",试图通过对它的详细解剖,理解与其平行或位于其上的其他各具特色的日本教育制度所具有的基本特征并尽力把握该制度形成和发展的社会动力机制。

就像"汉学"即"中国学"一样,"日本学"或者叫做"日本研究"在世界学术界有一定的学术地位,相对也比较成熟。目前,尤其在美国,形成了一个叫做"日本学"的世界性的高等教育学科。① 站在中国学者的立场上,从日本学研究者的群体所属的区域特征来看,世界上主要国家对日本的研究,大致可以分为三类:西方国家(尤其是美国)学者的研究、日本本国学者的研究和我国学者的研究。② 西方学者、日本学者与中国学者在日本研究的目的、方法与结论上都存在着很多不同。本研究争取尽可能综合采取各类研究者的观点。

在我国的日本学研究中,经常可以看到有两类比较极端

---

① R. 塞缪尔斯. 对美国日本学研究的全面回顾. 国外社会科学,1993(3):39—46.

② 其他国家也有一些有影响的日本学的研究者。比如邻国朝鲜(包括韩国和北朝鲜)就有很多有影响的日本学的研究者。其中,最有影响的是韩国著名学者李御宁。他曾经写过《日本人的缩小意识》一书。这本书在二十世纪七八十年代曾经在世界日本研究界产生过广泛影响。

的鲜明价值倾向的研究成果:"丑化"研究和"神化"研究。"丑化"研究多从人性论的角度出发,挖掘日本人的人性中的丑恶一面。这类研究往往与我国社会大众主流媒体的舆论导向紧密联系在一起。从科学研究的角度来看,这类研究的方法论的体系性和科学性尚需大幅度完善;另一方面,"神化"研究往往过分强调日本社会和民族特征的优点,同时把日本文化神秘化。从研究的方法论来看,这类研究也是多从抽象的人性论出发,并且其结论略微显得有点不计其余的以偏概全的片面性。"神化"研究模式至今仍在我国学术界有一定影响。这无疑是受到了美国日本学研究的开山鼻祖露丝·本尼迪克特的思维模式的过度影响。露丝·本尼迪克特在其名著《菊与刀》中,对日本人的民族性做了高度概括"日本人生性极其好斗而又非常温和;黩武而又爱美;倨傲自尊而又彬彬有礼;顽固不化而又柔弱善变;驯服而又不愿受人摆布;忠贞而又易于叛变;勇敢而又怯懦;保守而又十分欢迎新的生活方式"。①这段广为传颂的优美语言其实掩盖了它作为严谨学术成果的研究方法上的孱弱性。鉴于教育与文化的天然接近性,在我国对日本的教育研究中,略带神秘色彩的描述和无意识的美化会经常会出现于一些所谓的学术论文中。其实,按照接受了福柯影响的萨义德的个人观点,②无论是"神化"还是"丑化"的日本研究,本质上都不过是那个时代的中国的主流文化

---

① Ruth Benidict. The Chrysanthemum and the Sword Patterns of Japanese Cultur. U. S Boston:Mariner Books,1989. 1—15.

② 爱德华·W·萨义德. 东方学. 三联书店,2007:1—36.

话语的政治霸权的一种体现罢了。

包括笔者,任何研究者在内的价值观自然也具有鲜明的主观性,更接受了时代和个人经历的莫大影响。但是,在研究者的主观上,本研究将本着既不丑化也不美化的基本态度,尽可能从客观立场和学术研究的严肃角度出发,谨慎而积极地使用历史的数据尤其是定量数据去刻画日本国家助学制度及其相关制度的基本特征。而且,努力挖掘这些国家制度体系的特征形成和演化背后的文化基因(cultural mentality)的制约机制及其历史运动方式。用笔者个人的造语而言,相对于主流的"神化"研究或"丑化"研究,是为"理化"研究。所幸的是,随着中日经济实力和国际影响的反转,日本已经不再是中国政治、经济和文化制度建设的"重要他者"。这就给本研究留下了可供多角度的思维驰骋和不断反思的巨大空间。

同时,如下所述,本研究并不把日本制度背后的日本文化看作完全是中国文化的对立存在物,而是把它看作高度抽象的"泛概念"意义上的华夏文明在历史扩散运动过程中形成的具体而特殊的东方文化的存在形式之一来观察。简而言之,日本文化应该是华夏文化在日本列岛上的本土化。因此,二者文化之间异中存同,而且本质上可能共同之处更多。① 这样的研究思路就使本研究最终具有了中华文化或者更进一步说是文明尤其是教育制度上的深层次的自我反省的特殊意

---

① 这是笔者根据个人对马克思理论中的有关事物的一般性和特殊性理解而得出的初步结论。

义。至少笔者主观上想做一次这样的学术尝试之旅。

二　国家助学贷款制度

我国学者一般认为,国家助学贷款制度是中央政府运用金融和财政手段支持高等教育,资助经济困难大学生完成学业的重要形式。理论上如此定义并无不妥,本研究也基本认同这个定义。但是,从制度运行的技术角度来看,国家助学贷款制度所包括的一些下位制度更为值得研究。本课题准备从国家助学贷款制度的具体而主要的下位构成制度的角度展开分析。

(一)制度的基本构成

对国家助学贷款制度的内部构成进一步进行分解时,存在着很多可供使用的不同类型的具体标准和划分方法。因所采用的具体划分标准不同,相应地就会产生性质根本不同的下位制度的具体分类。从纯粹技术的角度来看,国家助学贷款制度毫无疑问就是资金的流动。按照国家助学贷款制度体系资金流动的具体过程来看,任何一个国家的国家助学贷款制度都由顺次连接的资金筹措制度、资金发放制度和资金回收制度①三个部分组成。

国家助学贷款制度的顺利运营要求资金流在三个环节之

---

① 这里在不同层次上,屡次使用"制度"一词似乎容易引起混淆。为方便起见,姑且用之。

间循环往复保持顺畅,它要求三个环节都保持资金流动顺畅而不能在任何一个环节断流。这样,三个环节就构成了一个环形图,具体结构如图 1-1 所示。

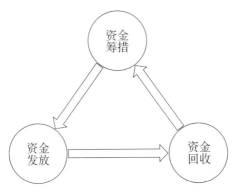

图 1-1　国家助学贷款制度的下位
制度构成及其关系的理论模型

(二) 制度体系内部的主要矛盾

然而,由于目的迥异,国家助学贷款制度体系内的资金流动与一般商业贷款中的资金流动有所不同。其中,最大的不同之处是三个环节内部各由一对对立统一的主要矛盾构成。

资金筹措制度主要是解决国家助学贷款所需本金从哪儿来的问题,这涉及政府和市场两种资金来源形式的此消彼长,仅仅依靠其中的哪一种资金形式都不行,而必须两种资金形式都存在并发挥作用。关键是如何根据形势变化调整两种资金的比例以及使用市场资金的形式。

资金发放制度主要涉及效率和公平两种发放标准的对立统一关系。资金发放制度解决助学贷款发放给什么样的学生这个问题。以效率为主要标准,就倾向于把贷款发放给学习成绩优异的学生,以公平为主要标准就倾向于把贷款发放给经济困难的学生。以效率和公平的哪一种发放标准为主,两个标准的关系如何调节,标准如何科学确定和实施要视时代需要而定。

资金回收主要处理短期回收和长期回收两种回收方式的关系。回收制度主要核心在于回收方式的设置,尤其是短期回收和长期回收等回收方式之间的关系。从国家助学贷款制度运营的操作角度来看,回收周期越短越好,然而,从实现国家助学贷款制度对经济困难学生资助这个制度存在的基本目的来看,回收周期却是越长越好。两种方式须同时存在。

而且,在现代国家助学贷款制度体系中,后一个环节的状况对前一个环节的反向影响作用特别明显。也就是说,虽然起源上来看,三个环节顺次连接,但是实际运行中,三个环节之间的影响却存在着双向的互动过程。这样一来,图1-1可以进一步细化为图1-2。

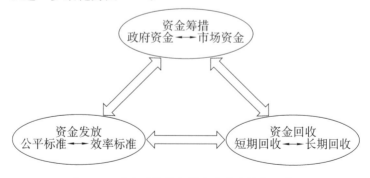

图1-2　国家助学贷款制度体系的构成环节·
内部矛盾·互动关系的理论模型

(三) 制度体系的外部社会环境

任何国家的国家助学贷款制度都存在于一定的宏观的现实社会环境之中。国家助学贷款制度的社会环境具体分为内中外三个层次。其中,内层为大学生资助制度体系,由于国家助学贷款制度实质就是大学生资助制度体系的具体成分,故二者的分界线使用虚线表示。中层为高等教育制度,外层为经济·政治·社会制度。三者之间的位置关系具体如图1-3所示。

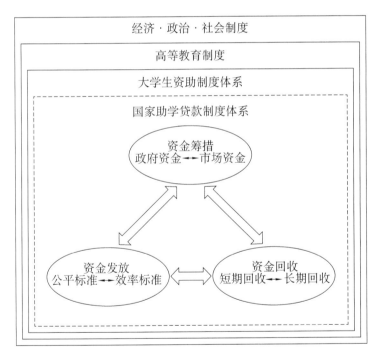

经济·政治·社会制度

高等教育制度

大学生资助制度体系

国家助学贷款制度体系

资金筹措
政府资金 ← → 市场资金

资金发放
公平标准 ← → 效率标准

资金回收
短期回收 ← → 长期回收

图1-3 国家助学贷款制度体系的外部环境的理论模型

从根本上看,外部的经济·政治·社会环境的结构特征和变化趋势是促使国家助学贷款制度产生、形塑国家助学贷款制度的内在特征和引导国家助学贷款制度发展方向的最重要的外部力量。尽管按照辩证唯物主义原理来审视,这个外部力量的影响作用的发挥最终仍然要通过国家助学贷款制度内部矛盾的自我运动来实现和完成。

三 制度嬗变

如前所述,学术界尤其是制度理论一般认为,制度由正式规则、非正式约束和实施机制的有效性三部分构成。[①] 本课题关注其中的正式规则。正式规则是由各级政府相关法律明文规定的规则即正式制度。本课题以日本中央政府的规定为研究对象。一个制度从确立之后不是一成不变的,而是不断变化和发展的。这增加了制度分析的难度。

长期以来,我国学术研究中常常用"制度变迁"这个词来概括制度发展变化的复杂过程。现代制度理论的主流一般认为,制度变迁是渐进的,而非不连续的。甚至非连续的变迁(如革命或武装征服)也绝对不是完全不连续的。[②] 在笔者的个人思想意识中,由于中文的"嬗变"比"变迁"能够更好地有感情地表达变化过程的连续性特征,[③]所以,本课题选用了

---

① 道格拉斯·C·诺斯. 制度、制度变迁与经济绩效. 格致出版社,2008.12.

② 道格拉斯·C·诺斯. 制度、制度变迁与经济绩效. 格致出版社,2008.7. 当然历史进展的实际是否如此,世界学术界争论颇多。本文对此不作讨论。

③ "嬗变"就像一位娴淑的手工艺人在制作器物,器物不断成型的过程。其间蕴含着制作人的感情成分。"变迁"就像一套自动化机器在制造同样器物,器物不断成型的过程。其间无或很少任何感情成分。从自然科学研究的传统模式来看,制度的学术研究应该使用"变迁"一词。另外,本书在很多地方也近义地使用"发展"一词。

"嬗变"作为核心概念。但是,"嬗变""变迁"二词的词汇学的内涵之间并没有本质区别。①

迄今为止,对社会制度嬗变的原因、过程与结果的解释存在着多种多样的理论体系。本课题无意在诸多理论的解释上花费过多笔墨,仅仅集中在以下与本课题分析相关的三点:制度嬗变的路径依存性、制度嬗变的外部影响因素和嬗变节点。这要求对制度嬗变研究时,对制度建立初期的情况、外部影响因素和关键时期进行重点分析。

(一) 制度嬗变的路径依存性

任何一个社会或政治制度在发展过程中都呈现出浓厚的路径依存性。路径依存性的基本特征表现在,制度的未来发展特征是建立在传统和现实的基础之上。任何社会经济制度的发展变化都不能脱离路径依存规律的制约。国家助学贷款制度自然也是如此。

路径依存性的强度和方向主要取决于该制度所依存的文化传统的内在特征。因此也可以称之为文化惰性(cultural inertia)。路径依存性对制度存续的功能具有两面性。一方面,路径依存性使制度发展具有连续性和稳定性,避免制度的突然休克或死亡;另一方面,路径依存性使制度经常处于外部适应性失衡状态。外部适应性失衡形成制度不断改良的内部

---

① 若认真从语言学的角度来分析,二者应该存在一定的差异。本研究对此不做深究。

张力。

（二）制度嬗变的外部影响因素

制度嬗变不仅有内在的路径依存性制约，也有各种外部因素的巨大影响。制度嬗变的外部影响因素既包括自然地理自然因素也包括社会环境因素。本文仅仅关注社会环境因素。对于教育制度来说，社会环境因素主要指政治（包含军事）、社会（包含人口）和经济三类。对于国家助学贷款制度来说，高等教育制度和整个教育制度也成为其外部环境因素。

变化着的外部因素是制度断裂式变化的根本因素。其中，最为典型的地理自然因素是各种自然灾害，如古时候的瘟疫等。有些自然灾害至今人类无法完全抗拒，如地震等。最为典型的社会经济因素是对外大规模战争或国家内部动乱。比如，美国联邦大学生资助制度就肇始于对复员老兵的政府安置措施。[①] 再如，日本国家助学贷款制度的发展历程也受到二战失败的巨大影响。不过制度对外部影响的接受存在着一定程度的自我选择性和过滤性。

（三）嬗变节点

能够打破制度嬗变的路径依存性的最大因素就是制度历史转折时期的关键变革。关键变革发生的时期被称为制度嬗

---

① Stanley, M. (2003). College education and the Mid-Century G. I. Bills. Quarterly Journal of Economics, 118(2), 671—708.

变节点。在制度嬗变的两个节点之间存在着一段较为稳定的制度存在和持续发展时期。不同制度的稳定发展时期持续时间不同。

一个完整的制度发展周期一般都分为确立、发展与成熟三个不同时期。当然,三个时期所经历的时间段的长短未必相同。而且,三个阶段过后,制度如果继续发展就将会进入一个较高阶段的发展循环周期。由确立时期进入发展时期的交接点和由发展时期进入成熟时期均存在着嬗变节点。只是这两个嬗变节点的性质不同而已。

如前所述,制度发展中的关键变革往往来自于外部因素的触发。但是,在嬗变节点发生关键变革时,外部因素并不直接作用于制度嬗变,仍然需要通过内因的自我运动来发挥其变革作用。如此说来,笔者认为,制度理论学者对社会制度嬗变因素的理论探索结果与马克思主义的历史唯物主义的基本理论主旨不谋而合。

第二节　用于分析的理论框架

把上述分析的三个基本概念连接起来,就得到日本国家助学贷款制度分析的基本理论框架。这里为了叙述方便,省略了国家助学贷款制度体系的三个环节内部的对立统一矛盾、互动过程和宏观外部社会环境等三个方面的图示,形成了图1-4的基本理论框架。

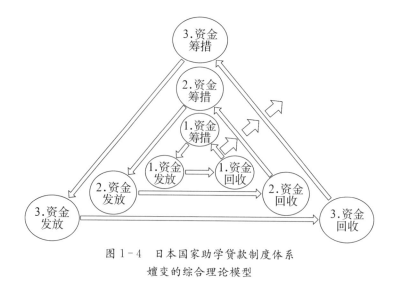

图 1-4 　日本国家助学贷款制度体系
嬗变的综合理论模型

　　依据图 1-4 来观察日本历史。从 1943—2010 年,日本
国家助学贷款经历了确立、发展与成熟三个不同的嬗变时期。
在日本国家助学贷款制度的发展史上,路径依存、嬗变节点与
发展阶段的存在非常明显。而且,不同时代的嬗变节点明显
受制于不同的外部因素影响。

　　从制度整体而言,1943 年是日本国家助学贷款制度确立
的时间,2010 年则是日本国家助学贷款制度经历了 2004 年
的根本性改革之后,进入政策规定的改革效果评价和回顾,然
后进一步修正制度的时间节点。中间的主要嬗变节点有
1945 年左右和 1983 年左右等。其中,由于 1945 年为非常特
别的突发因素,而且距离 1943 年的时间又不长,本文仍然把
它归于制度确立时期。这样,日本国家助学贷款制度的三个
时期的分界线就变得非常明显。它们分别是:制度确立时期

(1943—1983)、制度发展时期(1984—2003)和制度成熟时期(2004—2010)。从 2010 年到现在,历史的时针又向前转了 5 年。虽然其间日本政府又出台了很多具体的改革措施,但是,这些措施都不过是对 2004 年基本制度改革的修修补补。从中我们还可以看到,制度基本性质发展变化的周期变得越来越短。

日本国家助学贷款制度的嬗变受到诸多外部因素的巨大影响,而且,这些因素在不同历史时期所起的作用不同。首先,有军事因素的影响,战争与和平的时期不同在日本国家助学贷款制度上留下了浓重的痕迹。其次,有政治因素的影响,不同届的日本中央政府因政治理念的不同而带来政策上的明显变化。政策变化一般都会引发政府财政投资的扩大或缩小。第三,有经济因素的影响,其中主要是经济发展速度和发展水平。经济发挥水平和速度决定了经济是处于停滞还是处于高速发展时期。经济因素会从供求两个角度影响国家助学贷款制度的发展。第四,有高等教育制度的影响。二战后,日本高等教育一直处于规模扩张与发展抑制的交替变化中。高等教育规模的变化直接影响国家助学贷款的需求程度。以上不同影响因素在不同时期对日本国家助学贷款制度所提出的客观要求不同,各种影响因素的互动对冲的合力结果最终形塑了日本国家助学贷款制度半个多世纪以来的嬗变轨迹。

第三节　现有研究的理论与方法概述

一　国家助学贷款的研究

随着 1999 年我国高等教育大规模扩招,解决经济困难大学生的学费问题成为我国高等教育政策的核心,国家助学贷款制度由于是最行之有效的方法而迅速确立。10 年来,我国研究者众多,主要有三大学派持续深入对国家助学贷款制度进行研究:华中科大沈红研究团队,上海师大张民选研究团队和北大李文利研究团队。除此比较有影响的三大研究团队之外,我国还有很多个体研究者对国家助学贷款有较深入的研究。从文献计量的结果来看,国家助学贷款方面的研究在最近几年是教育学科中公开发表论文数量最多的领域之一。

从现有相关文献的研究对象和内容上来看,三个研究团队的对象和内容各有侧重。该领域在国内外影响较大的沈红团队在 2000—2010 年间发表相关论文(中文)50 多篇,对助学贷款制度的很多方面都有不同程度探讨,其最近研究主要从贷款制度可持续观点(2007①)出发集中在还款和回收如违约和风险防范等微观技术层次(2008a,②2008b,③

---

① 黄维,沈红.国家助学贷款制度:绩效、缺陷与可持续发展.教育研究, 2007(4):10—17.

② 梁爱华,沈红.国际视野下学生贷款风险及其防范机制.高教探索,2008 (3):79—83.

③ 毕鹤霞,沈红.贫困生判定的难点与认定方法探究.高教,2008(5):42—46.

2008c, ①2008d②）。张民选团队把助学贷款放在大学生资助的整体制度中,从中美比较角度试图为我国提供确立整体资助制度的借鉴（1997③,2007④）。李文利团队从中美比较（2004b⑤）和我国现状调查（2004a⑥）两个侧面出发试图建立助学贷款的具体运营模式（2006⑦）。其他众多个体研究者的研究对象和内容也基本与上述三个研究团队类似。整体而言,国家助学贷款的具体政策和措施研究较多,抽象而宏观的理论分析较少。

从现有文献的研究目的上来看,现有研究有意无意地本着洋为中用的宗旨,进行的多是国家助学贷款制度的应用性和政策性研究,这些研究成果对我国国家助学贷款制度的完善起到了巨大的理论指导作用。但是另一方面就是表现为系统的基础研究和理论研究比较少。

从现有文献的研究方法论来看,其特点体现在以下方面:

---

① 沈华,沈红. 国家助学贷款偿还和回收效率的计量分析. 北京大学教育评论,2008(6):146—159.

② 廖茂忠,沈红. 学生贷款违约的七大影响因素. 高等工程教育研究,2008(5):114—117.

③ 张民选. 美国大学生资助政策研究. 高等教育研究,1997(6):88—93.

④ 张民选. 关于大学生资助政策发展的比较研究. 教育研究,2007(4):3—8.

⑤ 李文利. 美国、加拿大高校学生贷款研究. 比较教育研究,2004(10):44—49.

⑥ 李文利. 高校学生贷款运行模式的中外比较和政策分析. 复旦教育论坛,2004(4):53—56.

⑦ 李文利,刘芳. 学生贷款证券化在中国的适用性探索. 教育发展研究,2006(5A):32—37.

第一,多是从我国的实际问题出发,为寻找问题解决答案而研究其他国家的国家助学贷款制度,过多关注与我国国家助学贷款制度近似的地方,比如美国联邦助学贷款制度中的斯坦福家庭教育贷款,因为这样便于寻求相应问题的直接答案。这个出发点本身无可厚非,符合目的的研究成果也不少。但是,对发达国家的国家助学贷款制度从制度自身发展历史的角度以及该制度与其他社会制度之间联系的宏观角度进行系统、立体和深度理论分析的研究尚未出现;第二,对外国国家助学贷款制度的研究缺乏科学的历史学方法。仍以上述对美国联邦助学贷款制度的斯坦福家庭教育贷款为例,这个制度与我国的国家助学贷款制度在运营模式上非常近似,但是这个制度只是美国联邦助学贷款制度的一个组成部分而已,而且可以说是位于边缘部分的制度成分,并随着时间变化而经常变化。它充其量只是对美国联邦助学贷款制度整体制度的核心部分的补充。绝不能以此为鉴构筑我国的相关制度的基本架构。同时,不少现有研究由于过于追求研究结果对我国现实的直接借鉴意义而对该制度的功能和具体运营措施都缺乏较为系统的历史分析,导致研究结果存在一定程度的历史事实误认。历史事实误认最典型的表现就是对立体的历史事实进行平面嫁接,比如把美国20世纪70年代助学贷款的某个措施和80年代助学贷款的某个措施硬扯成一个制度同时存在的两个措施,根据主观意愿构建出近似完美的美国联邦助学贷款制度。对美国助学贷款制度系统组成部分的宏观解析,除上述三大研究团队以及个别研究者的研究结果之外,不少研究结果都存在或多或少的历史事实误认;第三,助学贷款制度分析多停留在文字描述上,较为缺乏相关计量数据的支撑。

二 日本国家助学贷款制度研究

我国对于日本国家助学贷款制度的研究和整个国家助学贷款制度研究在研究目的、内容和方法上既有相同也有不同。鉴于研究目的没有独特之处,这里略去不论。

从研究内容上来看,主要内容的选择也和我国对国家助学贷款制度的研究有些相仿。这里,从研究内容的范围大小和系统程度把现有日本国家助学贷款制度的研究分为三类:第一类,分析日本国家助学贷款制度的整体特征。例如,日本贷学金资助模式(2001[①]),日本的大学生贷学金资助模式(2002[②]),高等教育公平视阈下的日本助学贷款模式研究(2010[③]);第二类,对日本国家助学贷款制度的某个侧面进行专题分析。如,日本国家大学生贷款回收保障体系研究(2007[④]),日本大学生海外留学资助制度与政策研究(2010[⑤])

① 郭雯霞.学位与研究生教育.2001(7,8):58—60.

② 鸿岭.日本的大学生贷学金资助模式.中国财政,2002(2):63—64.

③ 周婷,朱海艳.高等教育公平视域下的日本助学贷款模式研究.煤炭高等教育,2010(1):75—76.

④ 徐国兴.日本国家大学生贷款回收保障体系研究.教育与经济,2007(1):64—68.

⑤ 徐国兴.日本大学生海外留学资助制度与政策研究.比较教育研究,2010年(10)31—34.

等;第三类,在相关论文的某个地方提到过日本国家助学贷款制度。三类研究中第三类研究最多,实际上第三类研究并不能称之为研究意义上的系统研究。因此,整体而言,我国研究界对日本国家助学制度的关注较少,研究程度也不够深刻。

从研究方法论上来看,我国的日本国家助学贷款制度研究的研究方法不仅存在着上述共有特征还存在着以下独特的特征。这种独特性主要体现在两个方面:第一,对日本国家助学贷款制度的分析存在着套用对美国联邦助学贷款制度研究而得出的理论分析框架的痕迹,缺乏对日本特征特殊性的深刻认识。比如,美国联邦政府是采取多种多样的资助形式,日本却只有国家助学贷款这一种资助形式。这样,两助学贷款制度在制度的功能和结构肯定会存在明显差异,共同的理论分析框架似乎不太合适。因此需要自己的理论分析框架;第二,由于从我国对国家助学贷款制度的关心之处出发进行日本相关制度的研究,就忽略了日本国家助学贷款制度中最独特的部分。因此,今后就需要从日本制度发展的原点出发探索日本制度嬗变的历史轨迹及轨迹背后制约制度发展的客观规律。

第四节　研究的目的、基本内容·结构与方法论

一　研究目的

本课题有以下两个递进的主要研究目的。

　　首先,明确日本国家助学贷款制度的基本特征、外部影响
因素及其发生影响的动力机制是本课题的主要部分,尽可能
在日本官方公布的统计数据的基础上进行,即以数据来展示
制度的嬗变过程。具体说来,这一目标分为三个方面:第一,
1943 年日本国家助学贷款制度的资金筹措、资金发放、资金
回收等各个主要方面的基本内容和特征。1943 年日本国家
助学贷款制度与外部的政治、经济、社会、高等教育等制度之
间的关系;第二,2010 年日本国家助学贷款制度的资金筹措、
资金发放、资金回收等各个主要方面的基本内容和特征。
2010 年日本国家助学贷款制度与外部的政治、经济、社会、高
等教育等制度之间的关系;第三,1943—2010 年间的日本国
家助学贷款制度的资金筹措、资金发放与资金回收等各个主
要侧面的主要变化。主要变化发生的时间节点、变化过程、影
响变化的主要因素尤其是中央政府所作政策及其发生影响的
基本途径等。当然,在实际分析的具体展开过程中,上述这些
内容分散在本书的不同章节之中,其表述形式也各不相同。

　　其次,明确日本国家助学贷款制度嬗变及其背景的独特
性与可借鉴性。与其他社会制度相比,国家助学贷款制度是
一个完全"人为"的现代国家制度。它作为人类意识的现代产
物,虽然无法避免国别和文化差异,但无疑具有较高的共性。
而且,本课题侧重从国家助学贷款的下位制度尤其是其中的
制度构成技术成分的角度进行研究。国家助学贷款制度体系
构成的技术因子本质上能够一定程度地超越不同国家的政
治、经济和文化差异,体现出相当多的共性。这一点就大大提

高了中日国家助学贷款制度比较的可能性。这一目标又具体分为两个层次的下位目标。第一,明确日本国家助学贷款制度与世界上主要国家尤其是美国联邦助学贷款制度的异同之处及产生原因。第二,明确日本国家助学贷款制度的历史研究对我国相关制度完善的借鉴意义。日本对于中国具有特殊的多重意义和价值。从文化意义来看,不管普通中国人或日本人如何认识两国之间的政治外交关系,日本本质上无疑是中华文明的一个具体文化特区。① 与经济和政治的侧面相比,高等教育更多地属于文化现象。因此,日本国家助学贷款研究对于反思我国国家助学贷款制度发展具有不可估量的学术价值和政策镜鉴意义。

二 基本内容·结构

上述研究目的决定了本研究的基本内容。

本研究的基本内容是,从国际比较和历史比较的双重视角出发,对日本国家助学贷款制度的关键组成部分,即资金筹措、资金发放、资金回收等三部分的历史嬗变和现状的基本特征,以及变化发展原因和动力机制进行学术探讨,并探索其经验的可借鉴性的侧面及程度。

根据上述的研究目的和基本内容确定如下篇章结构。本书共计包括六章。第一章为序论,如上所述,介绍本研究的基

---

① 与那霸润.中国化日本——日中"文明冲突"千年史[M].广西师范大学出版社 2013.1—14.

本概念、理论框架、已有研究结果概述和本研究的基本内容。
第二章,设定本研究所处的宏观背景,鸟瞰日本高等教育制度
及国家助学贷款制度等相关制度的概况和特征。第六章为结
语,在与我国相关制度的系统比较的理论基础上,总结日本国
家助学贷款制度的基本特征与应有的借鉴意义。第三至第五
章为本书的主体,三章分别分析日本国家助学贷款制度的三
个组成部分在 1943—2010 年间的主要变化的基本特征。第
三章至五章各章的主要具体内容概述如下。

　　第三章以政府资金和市场资金的对立统一的历史运动为
中心,分析日本国家助学贷款制度的本金筹措侧面。主要内
容包括:日本国家助学贷款制度本金来源的基本形式及其不
同形式间的性质比较,资金来源形式的历史形成和发展变化,
资金来源结构的当前特征及其形成背后的社会经济制约机
制,日本中央政府在资金筹措特征形成中所发挥的独特作用。

　　第四章以公平标准和效率标准的对立统一的历史运动为
中心,分析日本国家助学贷款制度的资金发放侧面。主要内
容包括:界定家庭收入标准和学业成绩标准作为日本国家助
学贷款发放标准的内在合理性,在日本国家助学贷款制度的
资金发展历史上,资金发放的两个标准及二者之间关系的性
质变化。研究当前日本国家助学贷款制度资金发放的家庭收
入标准和学业成绩标准的具体特征及二者之间的互动关系。

　　第五章以长期回收和短期回收的对立统一的历史运动为
中心,分析日本国家助学贷款制度的资金回收侧面。主要内
容包括:日本国家助学贷款还款长期化的基本原则的形成过

程及其具体体现，按收入比例还款制度的确立与不断发展，还款激励措施的多样化和体系化的历史发展，近 20 年来不断完善的国家助学贷款还款豁免制度。

三 理论探索的主要原则

社会科学研究中的方法论实质上是一个多层次和多侧面的复杂体系，因而具有多义性和歧义性。这里，仅仅论述本研究在选择分析方法和分析程序时的主要指导精神或者说基本原则。在对日本国家助学贷款制度的三个主体部分进行具体分析和相应的理论总结时，本研究坚持、更确切地说是尝试以下两个基本原则：宏大叙事和历史辩证的结合。

第一，坚持"宏大叙事（big picture）"研究的基本原则。第二次世界大战以来，尤其是最近三十年间，若从研究对象、研究方法和研究价值取向三个维度观察，世界现代社会科学的主流趋势是：研究对象越来越明确化和具体化，相应地，其范围就越来越细小化。研究方法越来越逻辑化、定量化和精致化，相应地人类智识联想的空间就于其中所剩无几。研究者从事社会研究的价值取向越来越实用化，无形中就弱化了对社会理论即客观规律的深入探索，最终导致研究结论和现实之间的巨大脱节。弱理论和强功能的社会研究价值取向迫使有些急功近利的研究常常粗暴地嫁接研究成果和现实应用，结果反而导致二者之间连接的经常性短路和断电。当然，本研究并无意回归百分百"宏大叙事"的传统研究范式，只是准备坚持"宏大叙事"的精神理念，并尽可能借鉴当前学术工作中认可程度较高的高度发达的现代研究方法,想方设法触及社会制度发展的"大事"表象背后的客观"大规律"。

　　这样的研究原则自然而然地就决定了本研究在方法论上与传统历史研究的根本性区别。(1)历史学研究的第一步即所谓的"考据"不在本研究的备用工具箱(tool kit)里。当然,这里不是说不要历史证据的科学性,而是说本研究主要不做这方面的研究工作或者即使做了类似的相关研究工作,考据研究的过程和相关结论也不会出现在本专著的内容叙述之中。在大多数时候,笔者都是根据自己的学术良心和某些直觉来判断历史素材的真伪而直接加以利用。(2)历史编年史学(chronology)的基本思想也不为本研究所非常看重。历史事件之间的连贯性固然重要,但更重要的是历史事件及其连贯性背后的社会运动的复杂机理。从这一点来看,本研究与其说为历史研究,不如说是历史的哲学或者说历史的社会学更为合适。

　　第二,坚持贯彻辩证历史唯物主义原理。从理论探索或学术研究的角度来看,辩证历史唯物主义原理究竟是什么?目前对此似乎已经鲜有人问津了,甚至还有点避之唯恐不及之嫌。① 笔者在业余时间断断续续对这个问题思考了多年,几年前终于几近豁然开朗。并细心重读了《矛盾论》及相关中

---

　　① 此观点纯属个人体会。笔者曾经在一篇有关现代教育制度分析的学术论文中引用了《矛盾论》中的某个观点。论文刊登出来后才发现,本为哲学学者的论文编辑竟然把这条注释去掉了。此应为编者特意之举。与久处陋室之我相比,我国核心期刊的学术编辑对国内学术时尚的把握自然更为精准。

外著作,自觉思想大有长进。越发觉得辩证历史唯物主义原理与社会运动的内在本质的近缘性。因此认为,与上述"宏大叙事"的基本原则相适应,在社会科学研究过程中,如果能够积极把辩证历史唯物主义原理应有于具体分析中,尽力去抓住研究现象的内在的主要矛盾,同时从主要矛盾的对立中体味矛盾主要方面的作用发挥过程,就能够把握该现象的存在方式和运行机制,就能够最大限度地接近社会真实。① 当然,这样一来,有些看似令人回味无穷的社会想象的细枝末节就不得不舍弃。

具体到本研究中,笔者就尝试根据自己对该原理的肤浅理解,从以下三个角度自觉贯彻了辩证历史唯物主义原理:(1)仅仅选择日本国家助学贷款制度的三个主要组成部分,而舍弃了对其他组成部分的观察和研究;(2)在对三个主要组成部分的研究中,尽可能确定每一组成部分的主要矛盾及其对立统一的互动状况。而舍弃了其他次要矛盾;(3)认真区分三个组成部分的主要矛盾的对立统一体的不同性质。在资金筹措中,市场资金和政府资金之间的对立统一关系应为"tradeoff"。它体现了物质要素之间的冲突,具有浓厚的经济学性质,它的核心是如何权衡取舍。实质上仍然存在着一定的具有较高客观性的解决方法。在资金发放中,公平标准和

① 笔者曾经强烈疑惑过,但随着年岁增长,现在反而倾向于比较相信客观真实的存在。这似乎有点原始(如果不是专属于老年人的一种心理病态表现)而陈旧,颇类似于中国被冷落的哲学。当然,作为教育研究者,我对高深的哲学始终存在着敬而畏之的强烈心理,觉得它是"一般人不宜"的学科。

效率标准之间的对立统一关系为"dilemma"。它体现了主观价值之间的冲突,具有浓厚的政治学性质,核心是决策者的政治理念如何影响政策抉择。相对比较缺乏具有客观性的解决方法。在资金回收中,长期回收和短期回收之间的对立统一关系为"paradox"。它体现了因时代变换而引起的传统的制度操作方法·程序和现代的制度操作方法·程序之间的冲突,这个冲突有时候还显得非常强烈。它具有浓厚的管理学性质,核心是如何通过有效措施消除似是而非的政策目标对立。尽管有时候冲突强烈,但是一般存在着具有客观性的解决方法。有效途径的选择常常依靠管理者的机智与权变。

第二章　日本相关诸制度的主要特征

在任何一个现代国家里,国家助学贷款制度都理所当然是大学生资助制度的有机组成部分。与此同时,大学生资助制度则顺理成章地构成了国家高等教育制度的重要组成部分。因此,国家助学贷款制度的存在形态和发展方式就不能不受到该国大学生资助制度和整体高等教育制度的条件制约和深刻影响。为此,在深入研究日本国家助学贷款制度体系的基本特征之前,必须明确它赖以存在和发展的高等教育制度和大学生资助制度等宏观背景。

以下本章首先从与国家助学贷款制度的关联性的角度出发,简要地归纳日本高等教育制度和大学生资助制度的主要特征。[①] 其次简述日本国家助学贷款制度体系的基本特征。

---

① 如第一章所述,外部的经济·政治·社会环境是影响国家助学贷款制度发生与发展的最根本因素。但是,正因为其根本性、宏观性和全局性,其具体的影响路径和客观程度非常不易把握。有鉴于此,本章不集中概述日本经济·政治·社会制度体系的基本特征,而是在以下各章的相关部分进行具体和重点分析。

具体分析时，根据课题研究设计的最初要求，以 2010 年度的相关制度的官方统计数据为基础。

具体的相关分析的主要对象包括三个递进层次：第一，日本的高等教育制度、大学生资助制度和国家助学贷款制度等诸种国家制度作为一种社会客观存在的外在表象的集约特征，或者借用现象学的术语，称之为现象特征；①第二，诸种制度表象特征背后所蕴藏的受社会机制而制约的内在本质特征；第三，影响日本诸制度发展历程和未来趋势的日本特质及其中的东亚共性成分。并藉此反思相对应的中国诸制度的优缺点及其更新可能性。

第一节　高等教育制度概况②

任何一个现代国家的高等教育制度的规模都无比巨大，因此，它的体系包含多种多样的不同性质的制度层面和侧面。作为经济、社会和高等教育均较为发达的现代国家之一，日本当然也不例外。有鉴于此，这里，仅仅介绍它与其国家助学贷款制度密切相关的高等教育制度的三个侧面：高等教育规模、

---

① 现象学及其流派异常多样，因而对"现象"一词的定义也各有不同。本文仅借其一般义，指与事物内在本质相对应的一种东西。

② 本节的理论框架主要参考了拙著《日本国立大学和私立大学结构和功能分化的比较研究》（《大学教育科学》，2004）和《日本高等教育评价制度》（安徽教育出版社，2007）的第二章《日本高等教育制度的基本结构》。

高校类型和高等教育学费制度等。

一　高等教育规模

现在,学术界在宏观地观察一个国家的高等教育规模的大小时,主要以高等教育就学率为基本指标来定量地衡量。如何计算高等教育就学率本身就是一个需要进一步深化和专门研究的课题。目前,我国高等研究者之间对此尚存在诸多争论。[①] 但是,在对高等教育就学率这个概念的基本内涵的理论界定上,我国不同研究者的观点之间较为一致。一般把它界定为,一个国家的高等教育在校学生数量和适龄就学人口之间的百分比。本研究姑且置就学率实际运用的有关争论于不问,而专心使用这个定义展开下述的理论分析。

该理论的初创者为美国学者马丁·特罗。他曾经根据高等教育就学率的高低,把一个国家的高等教育制度的发展过程划分为三个性质不同而逐次递进的历史阶段。它们分别是,精英阶段、大众化阶段和普及化阶段。其中,就学率低于 15% 为精英阶段,就学率在 15% 和 50% 之间为大众化阶段,就学率高于 50% 为普及化阶段。[②] 若以此为参照系,当前日本高等教育制度所处发展阶段一目了然。日

---

① 张继龙.历史回望中的发现——马丁·特罗大众化理论流变的考察与分析.江苏高教,2013(4):21—24.

② マーチン·トロウ.高学歴社会の大学——エリートからマスへ.東京大学出版会,1972:53—99.

本高等教育早于 20 世纪 70 年代末步入大众化阶段。[①] 在 2010 年,日本高等教育就学率竟然高达 87.7%。由于总体适龄人口波动的影响,2012 年则降至 77.9%。[②] 尽管如此,日本高等教育就学率已经远远超过 50% 这个高等教育普及化的界限指标,而且这种状况已经持续了好多年。若从马丁·特罗设定的衡量高等教育制度发展的历史阶段的数量标准来看,日本高等教育早已进入了普及化发展阶段。

然而,高等教育的精英、大众化和普及化阶段之间不仅存在着数量上的巨大区别,还存在着根本性质的区别。一个国家的高等教育究竟属于哪一个发展阶段并不能仅仅由就学规模一个因素来完全决定。在一定时期内,随着就学率升高,高等教育的性质未必会发生明显的变化。因此,高等教育的性质变化才是决定高等教育制度所处阶段的重要标志。日本学者金子元久通过对美国和日本高等教育制度的发展过程的系统比较认为,随着就学率升高,日本高等教育的性质并没有像美国高等教育那样发生了明显变化。因此,与其说日本高等教育已经进入了普及化阶段,不如说其处于后大众化时代。所谓后大众化时代,根据金子元久的定义,就是说,在这样的历史阶段里,高等教育制度在规模上虽然超过了普及化阶段

---

① 日本文部科学省. 学制百二十年史. http://www. mext. go. jp/b_menu/hakusho/html/others/detail/1318221. htm,2016—05—31.

② 平成 25 年度文部科学白書 http://www. mext. go. jp/b_menu/hakusho/html/hpab201401/1350715_012. pdf,2014—11—04.

的数量标准,但是在性质上并没有表现出与大众化阶段有多少明显的不同。①

其实,马丁·特罗本人也认为高等教育普及化阶段和大众化阶段之间不仅存在着数量上的不同,也存在着内在本质属性上的差异。② 大约是他的高等教育发展三段论理论的创新性太过耀眼而掩盖了理论中其他部分的光辉,马丁·特罗对不同阶段的性质差异的论述很少为研究者所推重。笔者以为,马丁·特罗笔下的高等教育普及化的基本特征显然是针对美国具体情况而言的,而日本的高等教育普及化则是日本高等教育发展现实的客观产物,完全按照美国特征的标准来判断日本现实的属性不尽合理。因此,不妨作如下假说,现在,日本高等教育已经进入了普及化阶段,而且这个阶段有着与美国不尽相同的独特特征。

日本高等教育制度进入普及化阶段对日本国家助学贷款制度的发展具有重大影响。主要影响体现在以下三个方面:第一,大规模的高等教育就学人口的增加意味着高校在学人口中来自低收入社会阶层的就学人口比例增加,因此需要政府提供更大规模的经济资助。第二,就学规模的扩大带来了就学人口的社会属性的多样化,随之产生了多样化的经济资助需求。第三,经济因素(学费负担和家庭负担能力)不仅成为限制高等教育机会公平的重要阻碍,经济因

---

① 金子元久. 高等教育的社会经济学. 北京大学出版社,2007:28—47.

② マーチン·トロウ. 高学歴社会の大学——エリートからマスへ. 東京大学出版会,1972:115—157.

素(毕业生经济回报)也成为最重要的高等教育入学动机之一。这一事实不断强化现实社会中的个体高等教育就学行为的人力资本投资色彩。相应地,这也就使得各级政府的大学生资助政策的制定不得不越来越重视以人力资本理论为基础。

二 高等学校类型

与世界上大多数国家的高等教育制度一样,日本的高等教育制度也可以从教育层次和所属两个角度来划分其中的诸多高等学校的所属类型。教育层次主要指培养的人才层次,所属主要指办学的资金来源和日常运营的直接上级管理单位或机构的基本性质。

从教育层次上看,日本的高等学校有研究生院大学、四年制大学、短期大学、高等专门学校和专修学校专门课程五类。研究生院大学是专门进行研究生教育的高等学校,没有本科生。专门从事研究生教育的只有三所,均为国立大学,且招生规模很小。四年制大学相当于我国的本科院校①。四年制大学既进行本科生教育也进行研究生教育。一般把研究生大学和四年制大学统称为大学。短期大学相当于我国的 2—3 年制高职高专,主要培养高层次技术人才,有些以女性为主体的短期大学主要进行通识教育。高等专门学校相当于我国招收

---

① 与世界上多数国家相同,日本高校本科生的学习年限主要是四年制,但是,医学本科教育是 6 年。不过,6 年制医学院一般没有硕士课程。

初中毕业生的五年制高职高专,主要培养某些特殊领域的高层次技术人才。统计上仅仅把高等专门课程 4、5 年级的学生作为大学生来看待。日本的专修学校在我国学制中不存在。专修学校包含两类教育:相当于高中课程的教育和相当于高等专门学校的专门课程教育。虽然统计上把专修学校专门课程的在校学生作为大学生来统计,但是日本研究者一般不把专修学校作为高等教育机构的一个基本类型来看待。本文也做如是处理。

如表 2-1 所示,2010 年,日本共有高校 1229 所,其中,大学为 778 所,占 63.30%,短期大学为 395 所,占 32.14%,高等专门学校为 57 所,占 4.64%。高等教育的在校学生数为 276 万左右,其中,在大学学习的学生占比为 93.55%,在短期大学学习的学生占比为 5.65%,在高等专门学校学习的学生占比为 0.79%。可见,无论是从高等教育的机构数量还是从所发挥的教育功能来看,大学这一机构都是日本高等教育制度体系的主体。这个特征意味着,与我国相比,日本的大学生普遍具有较长的修业年限,并因此花费较多的相应费用。

从高校的所属上来看,日本的高等学校有国立、公立和私立三类。国立是指中央政府投资建立和直接管理的高校,约相当于我国的中央部委属高校。公立是指地方政府投资设立和直接管理的高校,约相当于我国的地方高等院校。私立指由学校法人投资设立和直接管理的大学,约相当于我国的民办高校。

表 2-1　日本高等教育学校的基本类型:2010

		大　学		短期大学		高等专门学校		合　计	
		学校数	学生数	学校数	学生数	学校数	学生数（4、5年级）	学校数	学生数
国立	实数	86	450834	—	—	51	19569	137	470403
	所属的%	11.05	17.55	—	—	89.47	89.78	11.15	17.13
	教育层次的%	62.77	95.84	—	—	37.23	4.16	100.00	100.00
公立	实数	95	124502	26	9128	3	1465	123	135095
	所属的%	12.21	4.85	6.58	5.88	5.26	6.72	10.01	4.92
	教育层次的%	77.24	92.16	21.14	6.76	2.44	1.08	100.00	100.00
私立	实数	597	1994013	369	146145	3	763	969	2140921
	所属的%	76.74	77.61	93.42	94.12	5.26	3.50	78.84	77.95
	教育层次的%	61.61	93.14	38.08	6.83	0.31	0.04	100.00	100.00
合计	实数	778	2569349	395	155273	57	21797	1229	2746419
	所属的%	100.00	100.00	100.00	100.00	100.00	100.00	100.00	100.00
	教育层次的%	63.30	93.55	32.14	5.65	4.64	0.79	100.00	100.00

资料来源:文部科学省. 文部科学統計要覧(平成 22 年版). http://www. mext. go. jp/b_menu/toukei/002/002b/1293986. htm,2014—11—18.

如表 1-1 所示,2010 年,日本共有高校 1229 所,其中,国立 137 所,占 11.15%,公立 123 所,占 10.01%,私立高校 969 所,占 78.84%。在校学生数为 276 万左右,其中,在国立高校学习的学生占比为 17.13%,在公立高校学习的学生占比为 4.92%,在私立高校学习的学生占比为 77.95%。很明显,私立高等教育机构是日本高等教育的主体,这一点与美国和我国相比都非常不同。我国和美国的高等教育制度都是政府所属高校占据主体地位。在世界上主要发达国家里，也只有日本具有这个特征。这个特征对日本高等教育制度中的大学生资助制度建设具有重要的影响。这是因为，除去几所传统的私立大学如早稻田大学和庆应义塾大学之外，日本的私立大学的财政主要依靠学生交纳的学费来支撑。这样，私立大学制度整体上就具有高学费、低资助的内在本质需求。这一点与上述的学习年限较长的特征结合起来，就意味着大学生的经济负担较重。这要求政府必须建立更为完善的大学生资助制度。

三　高等教育学费制度

实际上，我们平常所说的高等教育学费具有多义性。首先，可以从多个角度来观察高等教育学费这个概念。高等教育学费一般有四个观察角度：社会整体、政府、高校和学生（含家长）。从不同的角度来观察，所得到的学费概念的内涵不同。即使从学生的角度来看，高等教育学费这个概念的含义也呈现出多义性。

从学生的角度来看，高等教育学费至少有如下三个含义：第一种含义，仅包括 tuition and fees，这是最为狭义的学费概念；第二种含义，不仅包括 tuition and fees，还包括书本费等学习相关支出（books，supplies and educational expense），但是不包括生活费（room，board，and living expense）；第三种含义，既包括狭义的学费，又包括书本费等学习相关支出，还包括生活费。① 不管是上述哪一种类型的学费,对于学生来说,相等数量的学费所带来的经济负担和心理压力都是相同的,为此,本文使用最广义的学费概念。为了叙述方便,本文把tuition and fees 定义为直接学习费用,把书本费等学习相关支出(books,supplies and educational expense)定义为相关学习费用,把读书期间发生的 room,board,and living expense定义为生活费用。其中,直接学习费用指直接交纳给校方的学习费用,不包括学校代收的住宿费等。不同国家的高等教育学费制度的发展历史、现实学费水平和现实学费的构成不同。

从高等教育学费制度的发展历史来看,日本的高等学校,不论国立、公立还是私立,自创建之日起,就一直向就学者收取学费。而且,与当时的生活水平相比,学费水平很高。② 当然,这里的学费即本文上述所指的直接学习费用。这与我国有着很长的免费高等教育的历史大不相同。我国现代高等教育制度在很长一段时间内,一直实行免费教育制度。③ 不同的制度发展历史会形成有关学费的先验知识,进而影响人们对相关制度的心理认知和认同。

从高等教育学费的现实水平来看,2010 年,日本大学本

---

① 徐国兴. 高等教育学费和机会均等. 教育与经济,2004(4):6—11.

② 金子元久.受益者負担主義と「育英」主義——国立大学授業料の思想史. 大学論集,1987(17):67—88.

③ 黄令. 建国后我国高等教育学费制度变迁的路径与特征. 高教探索,2010(4):54—58.

科生的年间学费平均为 1830500 日元。其中，直接学习费用为 8805600 日元，间接学习费用为 158400 日元，生活费用为 660500 日元。[①] 由于中日生活水平不同，仅仅从这些数字本身无法感受到日本高等教育学费的高低。为此，可以通过人均 GDP 这个中间变量把日本高等教育学费换成人民币当量（equivalent）。[②] 具体计算公式为：日本高等教育学费人民币当量＝日本高等教育学费/日本人均 GDP×中国人均 GPD。计算之前，需要统一日元和人民币的货币单位。这里以美元为计算单位，为计算方便，根据近期各国货币汇率变动趋势，大致设定 1 美元＝12 日元，1 美元＝6 人民币元。同年，根据日本统计局数据，计算得出日本人均 GDP 为 3766418 日元。[③] 日元换算成美元，约为 31387 美元。根据我国统计局数据，我国人均 GDP 为 299920 元。[④] 人民币换算为美元，约为 4999 美元。这样，日本的平均大学学费约相当于我国的 14577 元当量。虽然我国没有类似的全国性的大学学费调查，从而无法知道全国高校学费的平均水平，但是东部沿海的大城市如北京和上海远远高于西部地区。而在上海和北京的高校中，最贵的本科专业的学费（艺术等特殊性专业除外）也

[①]　JASSO.平成 22 年度学生生活调查结果.http://www.jasso.go.jp/statistics/gakusei_chosa/documents/data10_all.pdf,2014—10—28.

[②]　换算有很多种方法，这里使用人均 GDP 作为换算单位。

[③]　总务省统计局.日本统计年鉴.http://www.stat.go.jp/data/nenkan/02.htm,2015—10—24.

[④]　中华人民共和国国家统计局.中国统计年鉴 2011.中国统计出版社，2011:44.

不过 10000 元左右。① 因此，相对于家庭收入来说，日本高校学费带给日本普通国民的经济负担远较我国为大。对于日本普通国民来说，更为糟糕的一点是，半个多世纪以来，学费/家庭收入比一直呈现大幅上升趋势。② 而且，平均而言，日本公立高校学费也比美国一般公立高校学费要贵得多。在美国，当前很多地区的社区学院都在积极酝酿实行免费政策。③ 社区学院（约相当于我国的职业技术学院）是美国低收入阶层获得高等教育机会的重要场所和走向社会上升流动的必不可少的基本阶梯。

从高等教育学费的现实构成来看，一般说来，不管在任何一个国度，个人所负担的学费总是包括直接学习费用、相关学习费用和生活费三个组成部分。但是，不同国家的高校学费的构成之间存在着以下两个不同。第一，每一项在整体学费中所占的比例不同。与我国相比，日本高校学费构成中，生活费所占比例就相对比较高。这是因为，日本大学只有很少的学生宿舍提供给学生居住。除去家庭距离学校很近的一部分学生住在家里外，相当部分的大学生需要租赁民间房屋居住；第二，每一项学费所包含的具体内容不同。比如，日本直接学习费用包

---

① 这里仅仅指公立高校。我国民办高校和独立学院的学费要远远高于这个数字。

② 小林雅之. 大学進学の機会——均等化政策の検証. 東京大学出版会，2009:1—11.

③ F. King Alexander, Ashley Arceneaux. Envisioning a Modern Federal-State Partnership in the Reauthorization of the HEA as an Engine to Increase Social Mobility. Journal of Student Financial Aid: Vol. 45(3).

含三个具体项目,分别是课程选修费、新生注册费和其他交纳费用。前两项合起来叫做授业料。新生注册费全国平均为145600日元。我国高校则没有新生注册费这一项费用。

而且,日本的高校学费,尤其是其中的授业料[①],随着高校类型不同而有较大变化。国立大学的授业料由中央政府统一定价。从整体水平来看,第二次世界大战以来,几十年来不断上升。[②] 最近若干年的学费水平上升更为明显。从不同高校不同专业的差异来看,2004年之前所有高校的所有专业都相同。2004年之后,虽然政策允许高校自己决定上下浮动10%左右,但是只有一两所大学在专业硕士学位课程上使用了该政策。公立大学授业料名义上由地方政府决定,现实则往往是国立大学的翻版。作为高等教育主体的私立学校的学费则呈现二元化趋势。某些名牌私立大学和某些学科授业料贵得惊人,比如庆应义塾大学医学部的授业料年间超过千万日元。名气很小的私立学校的学费自然很低,有些甚至还低于国立和公立高校。2010年,全国国立、公立和私立高校的平均直接学习费用即授业料分别为504700日元,517200日元和969400日元,其他费用分别为7800日元,16300日元和184800日元。[③]

---

① 其内涵约相当于我国按照学分收取的学费。

② 徐国兴,苗丹国.日本大学收费及其相关制度述评.高等教育研究,1998(1):99—102.

③ JASSO.平成22年度学生生活调查结果.http://www.jasso.go.jp/statistics/gakusei_chosa/documents/data10_all.pdf,2014—10—28.

第二节　大学生资助制度概况①

如前所述,与我国现实情况相比,日本高校的学费水平相对比较高。但是,我们却不能就此说日本大学生的学费负担重。这是因为,学费负担过重与否需要通过与负担能力的比较才能确切知道。大学生的经济负担能力首先来自家庭的经济支持,其次是大学生资助和兼职得到的勤工助学收入。在三个主要的负担能力的来源中,政府可以通过资助政策的制定和完善来直接改变大学生的学费负担能力。为此,以下就从大学生资助需求的满足度、资助制度体系整体的多元化特征和中央政府在资助中所发挥的主导功能等三个角度来分析。

一　资助供求接近平衡

日本的大学生资助已经满足了大部分大学生的经济需求。调查表明,2010 年,日本大学生的平均收入为 1988500 日元,其中,来自家庭的经济支持为 1227500 日元,大学生资助为 402700 日元,勤工俭学收入为 358300 日元。② 从这组

---

① 本节的主要理论框架参考了拙著《日本义务后教育阶段学生资助制度研究》(教育与经济,2010(2):69—72.

② 平成 22 年度学生生活調査結果. http://www.jasso.go.jp/statistics/gakusei_chosa/documents/data10_all.pdf,2014—10—28.

调查数字可以得出以下两点结论:第一,大学生的平均收入略高于全国高校学费的平均水平。这说明,整体上,日本大学生的学习生活具有了相对稳定的经济保障。第二,大学生资助占大学生收入整体的比重平均达到了20.25％。这说明,大学生资助在帮助大学生顺利完成学业上发挥了重要作用。

但是,上述论证仅仅是根据平均数字比较得出的初步结论。平均数字在技术上无法反映以下两个基本现实:首先,它不能准确反映一部分极低收入家庭群体大学生无法负担学费的客观现实。其次,它也不能准确反映有一部分大学生或许是在以牺牲家庭生活质量来换取大学学费交纳的可能性。为此,需要通过其他方法或从其他角度来进一步确认日本大学生资助的供求平衡的水平。这可以通过对大学生资助的主观需要度来侧面验证。

调查表明,37.4％的大学生认为自己不需要大学生资助,50.7％的大学生是接受资助者。只有2.0％的调查对象说自己申请了大学生资助但是实际没有得到资助,另有9.8％的调查对象说需要资助但是没有申请。① 这组数据表明:第一,目前有半数以上的大学生得到了某种形式的大学生资助,这说明大学生资助的覆盖面非常之广。第二,如果从国家制度需要满足所有大学生需求的观点出发,大学生资助整体上仍有12％左右的缺口。这说明日本资助制度仍有进一步完善

① 平成22年度学生生活調査結果. http://www.jasso.go.jp/statistics/gakusei_chosa/documents/data10_all.pdf,2014—10—28.

的必要。第三,但是,若进一步分析,9.8%需要资助但是没有申请的大学生应该是个人稍作努力就能支付学费的边际群体,恐怕不能直接归为大学生资助的实际需求群体。也就是说,实际上,只有2%的大学生的资助需求未能得到满足。

二 资助形式多元化

日本大学生资助覆盖面如此之广与其资助制度体系的多元化特征密切相关。而多元化资助制度体系的建设与完善是中央政府能够充分发挥社会各方作用的必然结果。当然,这个多元化的制度体系特征绝不是一蹴而就的,而是经过长期而持续的制度建设的客观结果。日本大学生资助体系的多元化特征可以从资助主体和资助形式两个侧面进一步详细分析。

多元资助主体主要指大学生资助资金的提供者呈现出的多样性。在日本,大学生资助的主体有政府、社会和学生所在学校等。其中,政府包括中央和各级地方政府,地方政府涵盖都道府县(相当于我国的省直辖市自治区)和市町村等。社会包括公益法人、企业法人、慈善家个人及其他等。日本大学生资助的多元主体在整个资助制度体系中各自发挥着完全不同的作用。政府尤其是中央政府在其中起着不可替代的主导作用,对此以下将辟专节详述。公益法人则是以不特定多数利益为运营目的的非自然法人,其法律性质约相当于我国的事业单位(不包括各级学校和研究机构)。进入21世纪以来,公益法人在日本大学生资助体系的发展中起着越来越重要的作用。正是由于各级政府、社会各界和学校的共同努力,日本才能够建立多元主体的大学生资助机制,并长期维持较为良性的制度运转。

在大学生资助形式的选择上,日本能够充分发挥不同资助形式的优点,形成了以助学贷款为主,其他资助形式有机结合的多样化资助体系。虽然日本大学生资助的形式多种多样,但是在资助制度体系中占据主体地位的大学生资助仍然是奖助学金和助学贷款两种形式。若单独分析日本中央政府的经济资助,则主要是国家助学贷款形式的大学生资助。我国学术界一般认为,奖助学金和助学贷款两种资助形式各有优缺点。奖助学金的优点是个体资助力度大,但整体规模难以迅速扩大而且不够灵活,助学贷款的特点恰恰与此相反。①为此,理论上,比较理想的做法是在操作中把两种形式有机结合起来。从各国实践的国际比较的结果来看,助学贷款在各种大学生资助形式中所占的比例呈现越来越大的趋势。在这一点上,日本大学生资助制度的特征明显体现了该制度发展的世界共性。

三 中央政府充分发挥主导作用

无论是从制度现状还是从制度历史来看,日本中央政府在国家大学生资助制度的建设过程中,都发挥了其他资助主

---

① 张民选.关于奖学金、助学金和贷学金政策的比较研究.教育研究,1994(9):44—48.

体不可替代或者说无法替代的主导作用。中央政府的主导作用主要体现在以下三个方面。首先,如果以所提供的资金总量来衡量,中央政府的资金在大学生资助制度中占据了绝大部分;其次,中央政府在大学生资助制度的资金筹集过程中发挥了主导作用。换句话说,即使中央政府因财力所限一时无法提供满足资助需要的相应资金量,它也能够和愿意动用政府力量来筹措其他来源的资金用于助学贷款制度发展;第三,中央政府在制度运营过程中发挥了主导作用。与中国和美国相比,日本国家助学贷款制度由独立的政策性机构——独立行政法人日本学生支援机构(JASSO)来负责运营。在日本,独立行政法人是类似于政府机构的一类法人单位,它的大部分行政经费靠政府财政拨款来提供。对第一和第二点的具体分析放在本书的第三章中进行。限于篇幅,本书对第三点不做深入分析。

第三节　国家助学贷款制度概况

如上所述,中央政府是日本大学生资助制度的主体。同时,中央政府仅仅使用助学贷款这一形式来进行大学生资助。这样,自然而然地,国家助学贷款就成为日本大学生资助制度的中心。为此,研究日本大学生资助制度必须以国家助学贷款制度为核心对象。以下就在简述制度发展的历史分期后,从纵向和横向三个角度概述该制度体系的基本特征。而比较详细的特征分析则留给以后的第三、第四和第五章。

一　整体制度发展周期

从 1943 年至 2010 年,日本国家助学贷款制度经历了建立期、发展期和成熟期等三个不同性质的历史时期。在制度发展的不同历史时期的节点上,都出现了关键性的事件,那就是规定国家助学贷款制度存在和发展基础的相关法律的颁布或出现重大改革。

(一)　制度建立期(1943—1983)

其实,日本政府和社会团体关于建立国家学生资助制度的设想和酝酿自 1941 年就开始了。2 年多的充分的议论为 1943 年 2 月 17 日《大日本育英会法》的国会通过打下了坚实的社会舆论基础。并决定于 1944 年 4 月 14 日开始正式生效。随后"大日本育英会"正式成立。

"大日本育英会"是其后运营日本国家助学贷款的最高管理机构。1953 年,为适应新的国际和国内政治形势发展的需要,大日本育英会改为日本育英会。2004 年,随着日本中央政府行政制度改革的深入发展,日本育英会由特殊法人变为独立行政事业法人。并统合了其他一些学生支援机构,其名称变为独立行政法人日本学生支援机构(JASSO)。这个名称一直沿用至今。60 年间,尽管名称变化了几次,但是其基本功能并没有发生任何变化。

其后的 1945 年对日本国家助学贷款制度来说,是非常艰难的一段时期。不过,在中央政府和社会各方的共同努力下,国家助学贷款制度终于站稳脚跟,并稳步发展,直到1983年,整体制度体系的基本框架都没有发生任何明显变化。

(二) 制度发展期(1984—2003)

1983年,《日本育英会法》(原《大日本育英会法》在1953年修改后变更)进行了自颁布实施之后的第一次全面修改的准备工作。1984年2月25日(根据日本惯例,此时仍为1983财政年度)《日本育英会法》修改案提出并在国会讨论通过。修改后的《日本育英会法》于1984年8月7日公布实施。也许是历史的巧合,此时距制度确立整整40年。

新的《日本育英会法》规定,有关国家助学贷款制度尤其是学生借贷的诸规定从1984年4月1日(新学年的第一天)起开始生效。这样的规定有利于新入学的大学生能够享受新法的利好。修改后的《日本育英会法》对日本国家助学贷款制度的资金筹措、资金发放、资金回收和运营管理机构等方方面面都进行了不同程度的全面改革。

这次改革使日本国家助学贷款制度体系变得相对更为完善。其中,最主要的两点改革如下:第一,确立了政府财政贷款作为国家助学贷款资金来源的重要地位。这一改革从另一个角度上来说,由于财政贷款是日本国家助学贷款制度最初设想的资金来源,因此可以说日本国家助学贷款制度建设至此才真正实现了筹资制度建设的基本目标。本质上这次改革仅仅是"制度复原"而已；①第二，彻底废除了实行 16 年之久的根据考试成绩选拔国家助学贷款资助对象的严格方法，而代以在校学习成绩作为学业成绩指标。这样的较宽泛的学业成绩要求更符合大众化阶段的高等教育需求。这次改革标志着制度建设进入了一个新的时代即制度发展期。

（三）制度成熟期（2004—2010）

受英美等国政府行政制度改革的影响，自 1991 年，日本开始广泛讨论以提高行政效率为导向的政治改革的可能性和具体改革方案。经过 10 多年的讨论以及小范围和小步的改革试点，在时任内阁总理大臣小泉纯一郎②的强力推行下，日本全面开始推行效率化和市场化的中央行政制度改革。庞大的国立大学制度体系和以育英奖学金（即国家助学贷款）为核

---

① 从制度理论的角度来看，这是社会发展的路径依存性的具体表现之一。最初的制度设想应该是日本社会根据各方面条件所选择的最为理性的国家助学贷款资金筹措方案。其后，虽然该方案因各种突发的外在因素（如战败和被军事占领·管制）被完全摒弃，但是，一旦社会进入正常运转时期，该社会自身的存在和运行的内在机制必然会自动选择最合理的方案。于是，制度就重新回到最初的选择点上。从该社会的外部观察，似乎该社会经历了这么长时间之后又倒退回到了原点。

② 小泉纯一郎（1942— ），日本保守派政治家。2001 年 4 月—2006 年 9 月期间，担任日本内阁总理大臣。为平成（1989 年起）时期在任时间最长的日本内阁总理，也是日本战后在任时间第三长的内阁总理。同时也是日本战后支持率最高的内阁总理。他在任期间，力排众议，坚持推行各项政治和中央行政改革。在处理中日关系上，他一反过去日本中央主要领导人的中日外交的一贯原则，屡次鲜明地表白自己的观点并坚持参拜祭有甲级战犯的靖国神社。其政治后继者也多多少少继承了其政治衣钵。小泉纯一郎是进入 21 世纪后 10 多年来中日关系继续恶化的主要责任者之一。

心的大学生资助制度等教育制度也在行政制度改革的对象范围之内。

　　2003 年 6 月，《独立行政法人日本学生支援机构法》法案通过了国会审议。其后不久该法就公布于世。2004 年 1 月，《独立行政法人日本学生支援机构法实施细则》公布。实施细则规定该法于 2004 年 4 月 1 日起正式实施执行。《独立行政法人日本学生支援机构法》对日本国家助学贷款制度进行了全面改革。这是日本国家助学贷款制度自 1943 年建立以来，继 1984 年的第一次全面改革后的第二次全面改革。也许还是历史（或者说文化？）的偶然因素在起作用，2004 年恰好是日本国家助学贷款制度建立 60 周年。①

　　这次改革的最大变化之一是，把日本国家助学贷款管理

———————————

　　①　日本有一座最著名的神宫叫"伊势神宫"，位于三重县伊势市内。伊势神宫祭祀日本皇族的始祖"天照坐皇大御神"，是日本规格最高的神宫。直到现在，每年年初，日本总理大臣和农林水产大臣仍然要参拜伊势神宫。伊势神宫每隔 20 年就要举行一次"迁宫"仪式。即把现有的宫殿和其中的设施设备都搬迁到预备好的用于迁宫的地方去。再过 20 年，再把宫殿迁回到 20 年前的所在地方（该地方称为元伊势）。如此周而复始。20 年一度的迁宫是日本国内最大的国家级的文化大事之一，引起国民们的高度关注。据记载，定年迁宫始自公元 690 年（持统天皇 4 年），除去日本战国时代的 120 年间中断和历史上的几次延期以外，一般都如期举行。2013 年是第 62 回定年迁宫。当然，定年迁宫的准备工作早从 2005 年就开始了。伊势神宫方面公布说，这次迁宫共计花费 550 亿日元，其中 330 亿日元是伊势神宫自己出资，其他 220 亿日元则来自于社会各方的捐赠。为什么要花费如此巨大的人力、物力、财力进行定年迁宫？为什么定年迁宫要 20 年举行一次？由于缺乏相关的历史记载，日本人自己对此中缘由也是不甚了了。目前有近十种比较合理的解释。不管理由如何，日本神道的"定年迁宫"制度作为文化仪式对日本人的心智及其行为方式的影响毫无疑问非常巨大。但是，目前还不能找到日本文化的这个特征对日本国家助学贷款制度历史变迁周期的直接影响的科学证据。

机构的法律性质从准政府机构的特殊法人变为了必须考虑经营效率的独立行政法人。虽然这主要是政治改革主导的必然结果,但是独立行政法人的社会地位表明国家助学贷款事业是能够且需要追求运营效率的公共事业。这基本符合高等教育是准公共事业的本来面貌,也与现代大学生资助理论的基本观点相吻合;改革的最大变化之二是,把运营和管理国家助学贷款事业的日本育英会与管理留学、就业、学生宿舍、学生咨询等不同的政府下属机构统合起来,统一成为日本学生支援机构。这说明,日本中央政府已经充分认识到,单一的政府经济资助不能解决贫困大学生升学和就业的各种实际问题,必须把各种各样的学生支援措施综合起来,共同发挥效力才能实现既定目标。

二　相对稳定性和与时俱进性的有机结合

在这一长达半个多世纪的发展历程中,日本国家助学贷款制度在整体结构和功能上均呈现出较高的相对稳定性。具体地说,在资金筹措、资金发放和资金回收的建设上,都不曾出现过幅度过大的断裂式变革。制度的相对稳定性与助学贷款作为社会教育投资的长期性要求之间高度一致。这有利于制度结构的完善和内在功能的充分发挥。

然而,在同一个的历史时期内,日本国家助学贷款的外部环境发生了翻天覆地的变化。首先,高等教育制度体系外部的经济、政治和社会环境变化巨大。其次,作为大学生资助制度的上级制度的高等教育制度也完成了从精英阶段向普及阶段过渡的巨大转变。这些外部环境的变化都要求助学贷款制度必须通过适当的内部改革,以保持与时俱进。这个变化主要是通过国家助学贷款制度的整体规模的持续扩大和若干方面的及时微调而完成的。

三 国家助学贷款制度成为大学生资助体系核心

如前所述,从 2010 年的现状来看,国家助学贷款为主是日本大学生资助制度的主要特征之一。但是,与中国及美国相比,日本的国家助学贷款制度则明显具有不同的特征。不同之处主要体现在,经过长期发展,实现了奖助学金和助学贷款两种形式的有机结合。

在日本大学生资助制度体系中,奖助学金和助学贷款的有机结合呈现三种具体的表现形式。第一,在整体制度体系中,既有奖助学金也有助学贷款,更有奖助贷混合资助。但是,助学贷款是主要形式。虽然美国和中国也是奖助学金和助学贷款两种形式俱存,但是日本助学贷款占整体大学生资助的比例远远高于二者;第二,从大学生资助的主体来看,有些资助主体仅仅使用奖助学金,有些资助主体仅仅使用助学贷款,有些资助主体既使用奖助学金又使用助学贷款。但是,与美国和中国相比,日本的资助主体具有以下两点不同特征:(一)中央政府仅仅使用助学贷款这一种形式。(二)其他资助主体也广泛使用助学贷款形式。第三,中央政府的助学贷款可灵活地转化为奖助学金。真正实现了二者的有机结合。

四　内部结构的完善与均衡

如第一章所述,助学贷款制度包括资金筹措、资金发放、资金回收三个基本组成部分。整个制度体系的功能的充分发挥要求资金流在资金筹措、资金发放、资金回收三个环节之间循环往复、保持顺畅。三个环节各由一对对立统一的主要矛盾构成。资金筹措环节涉及政府和市场两种资金来源的此消彼长,资金发放制度主要涉及效率和公平两种发放标准的对立统一关系,资金回收主要处理短期回收和长期回收两种回收方式的关系。

较为完善的国家助学贷款制度必须能够巧妙地平衡上述三对矛盾。在国家助学贷款制度的长期发展中,作为该制度的设计者和监管者,日本中央政府较好地平衡和有效管理了三对矛盾之间的对立统一关系。从 2010 年的基本现状来看,在资金筹措上,形成了政府资金和市场资金的有机结合,充分发挥二者作用的基本制度。在发放标准上,形成了公平为主,兼顾效率的资助发放标准体系。在资金回收上,坚持长期回收原则,同时也积极采取了能够促进尽快回收的诸多措施。对此,将在以下三章详述。

第四节　小结：日本特征的世界性、东亚性和日本性

上述的第一至第三节依次概括了日本高等教育制度、日

本大学生资助制度以及日本国家助学贷款制度的主要的外在
表象特征。在本章即将结束之际,接下来需要思考的两个基
本问题是:与上述三个制度所具有的这些外在表象特征相适
应、或者说制约这些外在特征生成的社会内在因素及其影响
机制是什么? 而且,发生影响的社会因素及其发生的机制和
路径所具有的世界性、东亚性和日本独特性又如何? 本节就
从有利于以下各章的具体分析出发,承上启下地对这两个问
题作几点简单的说明性的理论概述。

人类社会进入 20 世纪以来,随着科学技术的不断飞速发
展,人类能够得心应手地使用和灵活驾驭的工具媒体越来越
多。这样一来,根据人类理想对社会制度进行有目的的改造
和自我设计的人类活动就越来越多。相应地出现了越来越多
的仅靠社会进化几乎完全不可能"自为"的诸多"人为"的社会
制度。其中,最有名的当数现代社会保险制度,虽然这些"人
为"制度的缺点屡为研究者所诟病。① 当然,国家助学贷款制
度也是其中之一,日本国家助学贷款制度尤为典型。因此,日
本的制度特征具有某种现代社会的基本共性。

但是,日本制度所体现出的世界共性又具有某种特殊性。
其中,首先是发展阶段的特殊性。著名高等教育比较研究专
家菲利普·阿特巴赫及其研究合作者曾经写道:"很明显,高等
教育从精英型转向大众的发展首先从发达国家开始,而且几
乎都是在公共院校中。日本是一个例外。但是,在发展中国

---

① 戴雨果等.你所不了解的西方故事.江苏人民出版社,2013:128—148.

家和后共产主义国家,这种转化大部分发生在私立院校。"①笔
者认为,这段话其实是从高等教育的发展水平和发展推手两
个角度把世界高等教育大众化概括为三种国家类型:其他发
达国家、日本和发展中国家。其中,日本依靠私立院校(可以更
为广义地理解为民间资金)的发展手段与其他发展中国家并
无两样。如果目前把中国仍然归为发展中国家,就能够进一
步理解二者制度之间的共同点出现的客观历史必然性。

　　另一方面,是其中体现的东亚特殊性。② 在上述所引的同
书中,菲利普・阿特巴赫及其研究合作者又进一步写道:"除了
一些'东亚国家',大多数国家都视高等教育为国家责任和'公
共物品'。"③可见,从世界范围内形成的基本理论认识来看,在
历史的文化意义上,日本和中国实质上也并无什么两样。至
少在本文所论述的以国家助学贷款为例证的高等教育投资政
策领域内确实如此。这样一来,日本国家助学贷款制度的所
谓特殊属性中就可见东亚文化的共性色彩。毫无疑问,近似
的高等教育投资的社会认识方式决定了两个国家在国家助学
贷款制度的本质上的高度共同性。正如道格拉斯・诺斯所
言,社会意识是先验心智,它决定了人类选择的基本方式。④

---

　　①　菲利普・阿特巴赫全球高等教育趋势——追踪学术革命轨迹.上海交
通大学出版社,2010:70—71.
　　②　东亚特殊性换句话说就是东亚模式。它最初得名于东亚经济的奇迹发展。
　　③　菲利普・阿特巴赫全球高等教育趋势——追踪学术革命轨迹.上海交
通大学出版社,2010:3.
　　④　道格拉斯・诺斯.理解经济变迁过程.中国人民大学出版社,2008:36—
44.

因此，对日本国家助学贷款制度体系的深层次解析无疑会带来理解中国国家助学贷款制度的发展历史、存在方式和未来方向的某些启迪。

　　不过，共同或近似的哲学层次的思想意识未必一定带来高度一致的现实制度形式。这是因为在共同的哲学意识指导下，日本和中国还是有着极为不同的意识现实化的具体方式。对此，韩国学者李御宁曾经认为："我们假设有这样一个场面：宇宙人为了测试地球各国人的国民性，把一个地球人从没有见过的物体扔到大道的正中，而他们则藏在盘旋于空中的圆盘里，观察地球人拾到这东西后的反应。……中国人在捡起之前先环顾一下四周，在确证没有人看到的情况下，再如君子般不慌不忙地拣起来放入袖筒里。他们并不急于探明那是什么东西，重要的是先把它保存起来，因为他们认为，总有一天会知道那到底是什么玩艺儿。……日本人有什么反应呢？他们既不会放在眼前遮着光反复观察，也不会试着放在耳边摇来晃去地细听，更不会敲碎它或偷偷地放进袖筒里，好奇心极强的日本人也不可能把它抛给计算机。日本人究竟会怎样呢？他们一旦捡起那个物体便会以最快的速度试着做一个与它完全相同的东西。当然并不是按原来的尺寸做，而是把它小型化，精巧地缩小至可以放在手掌上欣赏。……"①日本独有的上述现实行为方式也体现于国家助学贷款制度体系的内涵和功能的设计上。这就让它的国家助学贷款制度有了不同

---

① 李御宁.日本人的缩小意识.山东人民出版社，2009：25—26.

于中国同类制度的一些鲜明特点,尤其体现在制度设计技术的精巧性和制度体系结构的不同部分之间连接的绵密性上。对此日本国家助学贷款制度体系的内在的独特性质,以下三章将逐一具体分析。

第三章　本金筹措:政府与市场的互补①

　　从制度发生学的角度来看,国家助学贷款制度的本金筹措侧面在制度的存在和发展过程中起着其他两个环节均无可比拟的重要作用。而且,这也符合经济学的资源稀缺性的基本原理。从本金资金的基本性质而言,国家助学贷款制度的本金来源无外乎政府资金和市场资金两种形式。当然在不同国家里,政府资金和市场资金的具体表现形式有所不同。而且政府资金和市场资金的结构构成及其性质也会随着外部环境变化而发生不同程度的改变。

　　本章主要研究以下几个方面的基本内容:日本国家助学贷款制度本金来源的基本形式及其不同形式间的性质比较,资金来源形式的历史形成和发展变化,资金来源结构的当前特征及其背后的社会经济制约机制,日本中央政府在资金筹

① 本章参考了拙著《日本国家助学贷款制度的本金筹措机制及启示》(《江苏高教》,2013.4)和《在效率与公平之间——大学生资助体系中政府定位的中日比较》(上海教育出版社,2009)第四章的主要内容。

措特征形成中所发挥的独特作用。

第一节　本金的重要性和本 金筹措的基本形式

一　本金的重要性

我国有俗语云"巧妇难为无米之炊"，这句话道出了作为世间万物存在基础的物质资源的绝对重要性。英语中也有俗语"He who pays the piper calls the tune"，它从另一个角度说明了物质资源的无与伦比的重要性。需要庞大资金而本身又无任何生产能力的国家助学贷款制度更是如此。一般说来，国家助学贷款制度所需资金大致可以分为三种。除上述贷款的本金之外，还有补贴利息与制度运营费等两部分。①

---

① 布鲁斯·约翰斯通认为，学生贷款制度的主要成本有四类：资金成本、管理成本、政府或其他第三方提供的补贴、与拖欠风险有关的成本（具体参见《高等教育财政：国际视野中的成本分担》，华东科技大学出版社，2014：99—101）。这个分类与本书分类略微不同，但对学生贷款成本的主要认识基本相同。比如，其中的资金成本就基本对应于本文的本金。笔者认为，在比较两种分类的异同点的时候，需要注意的地方有两点：第一，布鲁斯·约翰斯通的分类更侧重于学理的梳理，经济学的理论色彩较浓。本书主要从金融学的角度出发，更侧重于财政·金融和管理的实践分类；第二，相关人员工资是否应该作为成本来看待。把相关人员工资作为学生贷款制度的直接成本看似没有什么问题。但是，一个国家的各种社会制度之间本来是互相紧密连接的，如果从劳动经济学的角度来看，把它视为学生贷款制度对工作岗位创出的社会贡献似无不可。这样一来，从较广泛的视角来看，就不能单纯把人员工资视为成本了。对此，本文不做进一步分析研究。

与一般商业贷款相比,国家助学贷款是政策性贷款,[①]所以需要一部分补贴利息。有些国家如我国还把政府的利息补贴作为调控整个国家助学贷款制度发展方向的重要政策手段之一。运营费则是维护制度正常运行的基本成本,如相关工作人员的工资和贷款呆坏账的合法消除等所需资金。

贷款本金在整体制度所需资金中占据了绝大部分比例。当然,不同国家助学贷款制度中本金所占比例有所不同,日本的本金所占比例较高。例如,在 2010 年财政年度,日本国家助学贷款的政府资金中,用于本金的财政拨款为 90% 以上。[②]因此,贷款本金的充足与否就成了制约国家助学贷款制度存在与发展的决定因素。我国研究者在研究一些国家的助学贷款制度回收机制无法发挥其应有功能的主要原因时,曾假设过,如果本金充足就可以根本不考虑还款拖欠问题。[③]为此,本文以下分析的也仅仅是日本国家助学贷款所需本金的筹措形式。

二　本金筹措的基本形式

理论上,国家助学贷款的本金筹措包括两个基本方面:本金来源构成和促使本金从来源进入国家助学贷款制度体系中

---

① 沈红.国家助学贷款:政策与实践中的既成矛盾[J].北京大学教育评论,2004(1).7—9.

② JASSO. JASSO 年報 2010. http://www.jasso.go.jp/about/organization/publication/annual_report.html,2016—06—26.

③ 梁爱华,沈红.加拿养老金学生贷款及其失败原因分析[J].现代教育科学,2007(2).44—47.

的力量主体及其发生作用的互动机制。后者与助学贷款运营机构的结构特征有密切关系。本章主要侧重前者即贷款本金来源的研究。

从本金来源上看,任何国家的助学贷款的本金来源中都存在着政府资金与市场资金两个基本侧面。但是,不同国家的助学贷款在两个贷款本金来源构成比例上的差别则很大。而且,即使实际同属政府资金或市场资金,不同国家之间也有不少差异。比如,美国长期采取政府与市场共同出资的方式,而我国则完全由国有商业银行这个市场主体来负担。与美国、中国相比,日本又有所不同。与我国单一的由国有商业银行负担国家助学贷款的本金相比,日本国家助学贷款制度的本金来源呈现多样化的特征,乍一看有点像美国联邦助学贷款的资金筹措机制。但是,与美国不同的是,日本国家助学贷款本金中没有政府财政拨款,却存在着美国所没有的政府财政借款与政府财政贷款。另外,还有与美国相同的来自资本市场的融资。当然,即使市场融资,日本也与美国有所不同。日本国家助学贷款中的这三种资金来源都是我国助学贷款制度中目前所没有的,为此,首先需要对其基本性质作一简述。

三　三种资金的基本性质的比较

从本金资金的基本性质而言,日本国家助学贷款中的政府财政借款属于政府资金,政府财政贷款和资本市场融资则属于市场资金。有趣的是,这三种资金形式在我国国家助学贷款中都不存在。而且,从我国制度目前的演进和发展形势来看,在可以预见的将来也不大可能会出现。因此,为了帮助我国读者理解日本制度,这里就需要对政府财政借款、政府财政贷款和资本市场融资等的基本内涵进行一些简单说明。

(一)　政府财政借款

日本国家助学贷款本金中的政府财政借款来自于政府一般会计预算。既然是一般会计预算,它的编制和实施就需要国会审查批准。在这一点上,它与政府财政拨款的基本程序和性质相同。但是,二者理论上存在着本质区别。政府财政借款的款项经过一定时期后,需要按照事先约定的条款归还给政府财政,这是它与政府财政拨款之间的本质区别。当然,由于是财政借款就不需要支付任何利息,这就让它看起来有点像无息的政府财政贷款。而且,在制度实际运行过程中,经过一番更换借款手续后,运营组织还可以继续把这些财政借款投入到助学贷款制度的运行中。这又形成了政府财政借款与无息政府财政贷款之间的本质区别。

国家助学贷款使用政府财政借款而不是政府财政拨款的背后有着独特的理论基础。它的基本思路是,国家助学贷款制度所需的本金可以完全回收。这体现了该制度创立者的高等教育哲学思想:高等教育学习主要是个人的投资行为,政府仅仅承担帮助义务。政府帮助的基本形式就是借钱给公民个人。这个思想的基本内涵倒是符合当代世界高等教育投资认识主流。然而,若进一步思索就会发现,当代高等教育投资政策主要以人力资本理论为思想基础。可是被称为科学的和系统的人力资本理论直到 20 世纪 60 年代才在英美出现,其形成标志是 1961 年西奥多·舒尔茨的演讲稿《人力资本投资》和 1964 年加里·贝克尔《人力资本理论:特别关于教育的理论和实证分析》一书的出版。① 由此可见,日本国家助学贷款制度的形成也许与西方人力资本理论的兴起、兴盛和影响并没有任何实质性的关联,而是地地道道的日本或者进一步说东亚思想的嫡系产物。

由于上述高等教育投资的哲学思想在日本政界根深蒂固,所以,近年来,在日本出现了一般中国人很难理解的一个社会现象。尽管日本社会近 20 年来要求创建国家奖学金制度的呼声甚高,甚至连现任日本政府首脑安倍晋三也经常在媒体面前表态要尽快建立国家奖学金制度。② 但是,实际上,现任日本中央政府并没有建立大规模国家奖学金制度的切实想法,也没有相应的财政实力。2016 年 3 月,日本政府确实设立了与中国制度相同的国家奖学金制度。然而,这个国家奖学金制度的本质让人咂舌。它不仅是旧国家助学贷款制度的部分改良,而且它的资金来源和资助对象也非常特别。资金来源于公安机关侦破的电话诈骗犯罪账户中的无主的余额,资助对象则限定为犯罪受害者的子女。③ 因此,与其把它

---

① 徐国兴.高等教育经济学.北京大学出版社,2013:3—19.

② 佚名.給付型奨学金を創設＝無利子も拡充——安倍首相. http://www.jiji.com/jc/article?k=2016032900837&g=eco,2016—04—20.

③ 金融庁.犯罪口座の残金を給付型奨学金に. http://www.sankei.com/life/news/160317/lif1603170033-n1.html,2016—04—21.

看作日本国家大学生资助制度的顺时进化,不如把它看作日本中央政府对社会民意的象征性顺应。

(二) 政府财政贷款

在日本国家助学贷款制度的本金来源中,政府财政贷款来源于政府财政投资。政府财政投资与政府预算财政支出在资金来源和资金使用目的上存在着本质差异。前者来源于邮政储蓄即国民存款,其中很大一部分是社保基金存款,所以有保值与升值的客观需求。后者则来源于国家税收、行政性事业收费与国债等。前者用于能够相对明确效率和效益的公共事业如高速公路等社会基础设施的建设,后者用于无法期待效率和效益的公共事业,最典型的是国防。

既然国家助学贷款的资金不仅存在回收可能,而且存在着盈余(助学贷款利息)可能,那么理论上该公共事业的运营就应该主要使用财政融资手段,通过政府财政贷款方式进行。利用政府财政投资于国家助学贷款是日本的制度创新,它把具有资金富余性质的一个国家基本制度和具有资金困乏性质的另一个国家基本制度有机结合起来,最终达到了双赢的政策效果。

如下所述,政府财政贷款本来是日本政府设计的国家助学贷款制度的资金来源的最初形式。因此,它最能反映出日本中央政府在综合各种影响因素后对高等教育投资的基本认识。也正因为这个原因,最近几十年来,尽管日本国家助学贷款制度的筹资措施几经改良,政府财政贷款一直在其中占据了资金来源的主要构成部分。

（三） 资本市场融资

资本市场融资是国家助学贷款经营机构"日本学生支援机构（JASSO）"通过发行机构债权，从资本市场上获得资金的筹资方法。从性质上来看，日本助学贷款的债券与一般企业所发行的债券之间并没有什么本质上的区别。既然用于国家助学贷款的资本本金存在着回收和盈余可能，那么理论上它还应该可以通过完全市场化的资本市场进行自由融资而获得。十多年来，机构发行的债券收入构成了日本国家助学贷款制度的本金的第三大来源。

在世界范围内，美国是较多运用市场资金进行助学贷款事业的国家。[①] 若与美国相比，日本中央政府对市场资金进入高等教育机会市场的程序控制较严，它仅仅通过发行债券来允许市场资金介入高等教育机会市场。换句话说，投资者仅仅获取高等教育事业发展顺利带来的利息而不能直接干涉高等教育过程。这无疑提供了市场和高等教育结合的另外一条新路。

（四） 三种资金性质的经济学定位

理论上，完全的政府资金和完全的市场资金处于完全对立状态。区分二者状态的基本指标有两个：第一，与税收等政府收入之间的关系。完全来自政府收入的为完全政府资金，完全

---

① ［法］塞西尔·郝拉诺.美国学生助学贷款体系：经验与启示.大学教育科学，2011（4）：85—92.

来自市场融资的为完全市场资金;第二,政府对资金流动的控制程度。完全为政府力量所控制的为完全政府资金,完全为市场力量所控制的为完全市场资金。两个指标缺一不可。

　　现实中,毫无疑问,日本国家助学贷款制度资金来源中的政府财政借款、政府财政贷款和债券收入等三种资金既不属于完全的政府资金,也不属于完全的市场资金,而是位于两种资金之间的某个位置。这些相对位置可以利用数学中的坐标轴较为精确地表示出来。

　　如图3-1所示,我们可以从完全的政府资金到完全的市场资金之间划一条直线,并于二者的正中位置引出一条中间线(中间虚线)。那么,政府财政借款位于完全政府资金与中间虚线之间,并且在稍微偏向完全政府资金的位置上。政府财政贷款和债券收入都位于完全市场资金和中间虚线之间。但是,政府财政贷款处于稍微偏向中间虚线那一边,实际上就是更为偏向政府资金。与政府财政贷款相比,债券收入处于稍微偏向完全市场资金的位置。总之,从经济学理论的角度分析,日本国家助学贷款的资金来源都具有相当的独特性。

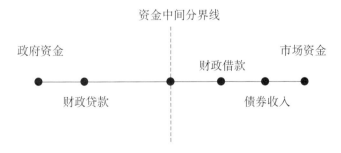

图3-1　三种资金来源的经济学性质比较的理论模型

第二节   本金筹措形式的发展变化

日本国家助学贷款的本金资金来源构成的当前特征不是自国家助学贷款制度建立之初就有的,而是在长期的发展过程中逐渐形成的。若不考虑快速流产的初期设计,而从 1945 年第二次世界大战结束后算起,那么,政府财政借款出现最早(1945 年),政府财政贷款次之(1884 年),债券收入出现最晚(2001)。而且,在不同的历史时期里,不同资金来源在国家助学贷款制度本金资金总体中所占比例也稍有不同。整体发展过程的基本特征分述如下。

一   政府财政贷款的设想、实现与突然夭折

(一) 政府财政贷款的设想

以助学金或助学贷款的形式,对家庭经济困难而且学习成绩优秀的学生进行经济资助的政策设想在明治维新后颁布的学制里就有了。但是,由于各种主客观条件的限制,除去军事院校与师范院校的学生实行助学金制度以外,其他各级各类学校的学生均没有得到过中央政府的任何形式的经济资助。不过,一直存在着来自于地方政府、学校本身以及其他社会团体的学生资助,据统计,1943年共有资助机构 645 个,资助了各级各类学校 1% 左右的

学生。①

　　然而,20 世纪 40 年代初期,随着日本陷入太平洋战争与侵华战争的泥潭越来越深,战争形势对军事工业的需求大幅增加,致使军事工业畸形繁荣。与此相对照的却是整体经济的极端不景气。这样就导致生活困难并使很多教师和师范生离开了师范学习和教师职业,进入军事工厂工作。同时,社会经济困难还导致越来越多的家庭经济困难的优秀学生无法继续学业。在这种情况下,要求中央政府采取措施,资助家庭经济困难学生以使他们能够完成学业的社会呼声越来越高。这最终促使了日本国家育英制度的诞生。

　　虽然在建立国家育英制度的必要性和紧迫性上,日本社会各界保持高度一致,但是在采取何种资助形式上,社会各界的意见却差异甚大。最后决定采取助学贷款形式对成绩优秀学生进行国家资助。既然是采取助学贷款形式,那么,这些贷款就可以回收再利用,所以理论上只要有了第一笔启动资金之后,就不用国家财政持续拨款。这样的一劳永逸的资助模型无疑对财政极端困难的日本政府具有巨大吸引力。可以这样说,当时的外部政治(含军事)和经济环境尤其是政府财政状况直接导致决定了日本国家财政支持助学贷款的基本形式。

(二) 政府财政贷款的实现

　　经过一段时间的充分酝酿之后,1943 年 10 月 18 日,大

---

①　独立行政法人日本学生支援機構.日本育英会史:育英奨学事業 60 年の軌跡.日本印刷株式会社,2006:24.

日本财团法人日本育英会成立。日本皇室和政府都出资对此表示祝贺。日本育英会是管理日本国家助学贷款制度运营的专门管理机构,全权负责国家助学贷款的发放和回收的具体业务。这个机构的成立奠定了日本采取独立政策性机构管理国家助学贷款制度的基本运营形式。国家助学贷款制度的具体运行计划于 1944 年春季正式开始。

顺便说一句,在对中国的侵略战争面临失败和财政极端困难之际,日本社会和政府仍然积极关注和投资于教育事业,其对人才培养的重视程度由此可见一斑。无独有偶,同期的中国国民政府也建立过类似的学生资助制度,只是后来因政局极端动荡,没有能够坚持下去。[①] 从此可以进一步合理想象,也许重视对人才的培养是儒家建国思想的重要文化基因之一。

这个资金筹措模式对贷款资本的基本运营过程是,第一,国家助学贷款所需资金初始从财政部融资部借出。当财政借款到达一定时间后,年复一年的贷款学生的还款就可以用来支付新发生的借款学生的资金需要。这样循环利用就不需要再向政府借款;第二,政府需要支付的是助学贷款所需的利息补助。当然,只是学生在学期间的利息补助。

若干年后,日本人自我评价说,国家助学贷款制度是一种非常宏大的社会制度设计。[②] 但是,这个基本制度设计并没

---

① 陈学恂,高奇.中国教育史研究·现代卷.华东师范大学出版社,2009:249—253.

② 独立行政法人日本学生支援机构.日本育英会史:育英奖学事业 60 年の軌跡.日本印刷株式会社,2006:序 1.

有也不可能考虑到后来各级各类学校尤其是高等教育规模的迅速扩大。二战后的 20 世纪 50 年代和 60 年代,日本高等教育规模的急剧扩大导致学生还款无法满足新发生的贷款需要。而且,由于助学贷款还款的相对滞后性,贷款需要增加发生在还款之前,这就进一步加剧了助学贷款的供求失衡。

(三) 政府财政贷款的突然夭折

然而,世事常常是人算不如天算。1945 年日本战败,天皇宣布无条件投降。随之以美国为首的占领军全面接管了日本,并对日本实行军事化管理。在全面军事化管理过程中,占领军冻结了财政部资金储备处的资金。这样,日本国家助学贷款所需资金一时间就无处可借了。

因此,可以说是战争这个特殊的外在条件催生了以中央政府财政借款为主体的日本国家助学贷款制度。但是,同样也是战争的结束这个外在原因为这个资金筹措制度画上了休止符。这样一来,日本国家助学贷款制度若要继续存在和发展下去,必须寻找新的资金来源。

二 作为临时措施的财政借款及其恒久化

(一) 作为临时措施的财政借款

在日本国家助学贷款制度缺乏资金的关键时刻,一些对国家教育事业非常热心的社会各界人士开始想办法筹措所需资金。他们采取的主要措施有以下三个:第一,积极鼓励和筹措个人和社会捐款;第二,尽量扩大商业银行借款规模;第三,导入中央政府财政借款。其中,来自中央政府的财政借款最终成为资金来源的主体。

中央政府财政借款成为日本国家助学贷款资金来源主体有以下两个方面的客观原因。第一,不管社会对教育事业的热情如何高涨,教育捐赠的规模客观上不可能很大。同时,商业银行也不可能把大量资金用于回收周期如此之长的国家助学贷款制度。第二,中央财政拨款是当时军事占领体制下唯一合法的政府支出。

(二) 临时措施的长久化

可能当时在日本四岛上没有人会想到,本来是作为临时措施的中央政府财政借款此后竟然一直延续了下去,并在很长时期内成为日本国家助学贷款的唯一资金来源。这种状况直到 20 世纪 80 年代中期才有所变化。这个历史事实充分说明了作为制度发展关键事件的偶然事件对一个国家的政治·经济·社会制度发展的决定性影响力。尤其是在该制度建立的初期。

中央政府财政借款能够长时期成为国家助学贷款的资金来源,固然有其特殊的历史原因,但是,上述政府财政借款制度的内在优点的影响也不可忽视。对日本的这段历史可以说,制度导入本是无意的,但制度延续却是政府主观努力的必然结果。当然,另一个因素也不能不考虑,那就是,日本战后的持续高速经济发展也为该制度的顺利延续打下了坚实的物质基础。

三　政府财政贷款的重新导入

如前所述,第二次世界大战结束后不久,因为多种主客观因素的综合影响,日本国家助学贷款形成了完全依靠政府财政借款负担本金的资金筹措制度。这个制度有其优点,对二战后日本国家助学贷款制度三十年的蓬勃发展贡献巨大。

然而,三十年间的制度发展历史也表明,以国家财政借款作为主要资金筹措方式有明显缺点。理论上,政府财政借款最终要归还政府,国家无需承担任何财政负担。但是,在实际操作上,由于国家助学贷款制度的本金资金使用具有长期性和连续性,根本不可能按照事先约定的条款,在规定时间内归还政府。所以,所谓的归还政府,实际上就是更改财政借款的续借手续而已。这样,在行政操作上,政府财政借款就与国家财政拨款无异。既然如此,财政借款的规模只能根据整体财政预算状况来决定,而无法根据高等教育发展需要随时扩大。当然,如果高等教育规模没有发生较大变化,这也算不上什么缺陷。可是,二战结束后直至 20 世纪 80 年代初,日本高等教育规模就以惊人的速度扩大,致使国家助学贷款规模远远不能满足实际需要。高等教育发展形势要求中央政府筹措大规模助学贷款资金。

另一方面,相较于政府财政借款,政府财政贷款的使用就灵活很多。资金规模快速发展的空间也大了很多。为此,日本中央政府于 1983 年颁布了新政策,宣布于 1984 年春季学

期始,导入政府财政贷款作为本金的另一个来源。日本国家
助学贷款制度从 1984 年发展至 1991 年,在本金的新增资金
中,政府财政贷款就多达全体资金的三分之一。其后,财政贷
款更进一步发展。在 2010 年,政府财政贷款则占据了本金新
增资金的 75.87%,处于绝对主导地位。

四 债券发行制度的确立和发展

无论是财政借款还是财政贷款,都需要政府负担本金资
金。如果在保证实现政策目标的前提下,毫无疑问政府负担
的资金越少就越理想。而且,需要政府财政投入的大型公共
事业很多,如军事、医疗和其他社会公益事业等,并不仅仅只
有国家助学贷款制度一个。所以,如何充分利用市场手段筹
措资金进行国家助学贷款事业也一直在讨论之中。进入 21
世纪后,通过市场手段筹措国家助学贷款所需本金的部分资
金终于成为现实。

自 2001 年始,具体负责运营国家助学贷款事业的独立行
政法人日本学生支援机构(当时为特殊法人日本育英会)开始
发行机构债券。至 2010 年 3 月底共计发行了 18 期。这个筹
资方法在当时,是日本所有独立政策性机构中,通过市场筹集
公共事业资金的最早尝试。而且,中央政府不对这个债券进
行任何形式的信誉担保。也就是说,如果负责国家助学贷款
制度的独立行政法人日本学生支援机构倒闭了,购买该机构
证券的投资者只能自认倒霉。因此,这无论是对国家助学贷
款制度,还是整个国家财政制度来说,都具有重要的改革

意义。

　　然而,市场资金毕竟具有天生的不稳定性,政府也无法准确预期和控制它的注入规模。所以,任何成熟的国家助学贷款制度都不能过分依靠市场筹资手段,而只能把它当作政府财政投入的补充。制度发展的事实证明确实如此,一度不断增高的资本市场筹资规模,最近几年则一直维持在年间 1170 亿日元左右。而且,由于政府财政贷款资金比例的迅速扩大,债券收入在整体新增资金中所占比重在不断下降,目前不到 20%。

第三节　资金来源构成变化

一　政府资金和市场资金的构成比例

　　从时间的截面角度来分析,日本每年投入国家助学贷款中的资金由两部分组成:以前贷款学生的返还部分和当年新增部分。[1]　由于当年新增部分反映了资金构成性质的最新变化趋势,本文以下就集中分析这部分资金的来源构成比例。

　　当前,日本国家助学贷款制度的新增本金资金主要由三个基本部分组成:政府财政借款、政府财政贷款和金融市场融

---

　　[1]　独立行政法人日本学生支援機構. JASSO 年報(平成 20 年度版). http://www.jasso.go.jp/statistics/annual_report/documents/annrep08_2.pdf, 2010—08—09.

资即经营机构发行债券的债券收入。政府财政借款为政府资金,其他两个则为市场资金,两种来源资金所占比例不同。以2010年度为例,贷款本金中的新增资金为9543.14亿日元。在新增资金中,政府资金为703.14亿日元,仅占全体的7.37%,市场资金为8840.00亿日元,占全体的92.63%。很显然,日本国家助学贷款的新增资金中,以来自市场的资金为主,来自政府的资金为辅。

当然,如下所述,日本国家助学贷款的市场资金有其特殊性。在来自市场的资金中,政府财政贷款所占比例非常大。这就使国家助学贷款制度虽然依靠市场资金,但却保证了财政上的稳定性,符合该制度顺利运营对资金长期性和连续性的要求。2010年的市场资金中,政府财政贷款7240.00亿日元,占全体的75.87%,债券收入1600.00亿日元,占全体的16.77%。

二　市场资金和政府资金构成比例的变化趋势

目前,虽然难以寻觅到从1945年至今半个多世纪的资金来源变化的资料,但是近20年间的资金来源变化的数据非常翔实。如表1所示,从新增资金的绝对数量来看,政府资金在急剧减少,市场资金在急剧增加。市场资金中,尤其是政府财政贷款的增加速度非常明显。在1991年,市场资金仅占整体比例的33.01%。但是到2010年,市场资金就已经占到整体的92.63%。资金来源在20年间的变化异常显著。

表 3-1 日本国家助学贷款各年新增资金来源构成:1991—2010

	政 府 资 金		市 场 资 金	
	金额(亿日元)	%	金额(亿日元)	%
1991 年	732.52	66.99	361.00	33.01
1992 年	739.18	66.28	376.00	33.72
1993 年	763.03	65.44	403.00	34.56
1994 年	795.53	65.61	417.00	34.39
1995 年	850.68	66.68	425.00	33.32
1996 年	860.68	66.74	429.00	33.26
1997 年	873.98	66.82	434.00	33.18
1998 年	897.62	64.32	498.00	35.68
1999 年	985.96	43.86	1262.00	56.14
2000 年	1083.29	36.47	1887.00	63.53
2001 年	1046.37	30.28	2409.00	69.72
2002 年	950.94	25.10	2838.00	74.90
2003 年	950.27	23.84	3036.00	76.16
2004 年	1012.84	21.41	3717.00	78.59
2005 年	913.60	16.97	4471.00	83.03
2006 年	813.36	14.91	4643.00	85.09
2007 年	747.09	12.99	5002.00	87.01
2008 年	744.77	11.59	5680.00	88.41
2009 年	727.90	10.05	6515.00	89.95
2010 年	703.14	7.37	8840.00	92.63

资料来源:独立行政法人日本学生支援機構. JASSO 年報(平成 22 年度版). http://www.jasso.go.jp/statistics/annual_report/index.html. 2012—08—20. 笔者整理做成.

三 市场资金的独特性及其变化

如前所述,最近若干年,日本国家助学贷款大规模使用市场资金从而得以实现制度规模的迅速扩张。但是,与美国等西方国家相比,日本国家助学贷款中的市场资金却有其鲜明的独特性。这个独特性集中体现在政府对市场资金的超强控制上。日本国家助学贷款的市场资金包括政府财政贷款和证券收入两部分。首先,政府财政贷款虽然从性质上来说具有一定的市场性,但是,从运作手段上来看,它实质上仍然是中央政府的内部资金配置,政府对它具有高度的控制权。其次,证券收入虽然具有完全的市场性,但因为它是独立性政策机构债券,它背后所蕴含的市场风险就被政府之手干干净净地过滤掉了。

在不同时期,日本国家助学贷款中的市场资金的比例也有明显的变化。由于证券发行始自 2001 年,所以,以下就先来看 2001 至 2010 年间的两种市场资金的比例变化。如表 2 所示,很明显,以 2007 年为界,两种资金构成比例的变化趋势有两个性质不同的发展阶段。从 2001 年至 2006 年,债券收入比例不断增长,从 4.15％增长至 25.20％。之后便呈现下降趋势,从 2006 年的 25.2％一路降至 2010 年的 18.01％。

在 2001—2010 年间,日本国家助学贷款所面临的国内外政治和经济环境都没有发生太大变化。因此,这个比例变化所反映出来的应该是日本政府对两种资金性质的再认识和政策在执行过程中不断自我修正的过程。如前所述,虽然同是市场资金,但是债券收入的稳定性不如政府财政贷款。因此,政府财政贷款更符合国家助学贷款制度的资金需要。

表3-2　日本国家助学贷款新增市场资金来源构成:2001—2010

	财 政 贷 款		债 券 收 入	
	金额(亿日元)	%	金额(亿日元)	%
2001 年	2309.00	95.85	100.00	4.15
2002 年	2278.00	80.27	560.00	19.73
2003 年	2276.00	74.97	760.00	25.03
2004 年	3067.00	82.51	650.00	17.49
2005 年	3371.00	75.40	1100.00	24.60
2006 年	3473.00	74.80	1170.00	25.20
2007 年	3832.00	76.61	1170.00	23.39
2008 年	4510.00	79.40	1170.00	20.60
2009 年	5045.00	77.44	1470.00	22.56
2010 年	7240.00	81.90	1600.00	18.10

资料来源:独立行政法人日本学生支援機構. JASSO 年报(平成 22 年度版). http://www.jasso.go.jp/statistics/annual_report/index.html. 2012—08—20. 笔者整理做成.

第四节　资金筹措机制形成和中央政府的功能

半个多世纪以来,日本国家助学贷款制度能够顺利发展至今,因时而变的本金筹措机制功不可没。这是中央政府(以下简称为政府)精心设计和大力推动的必然结果。政府的推动作用体现在:政府促进制度发展的主观努力,努力保持政府对资金流动的控制程度,政府尽可能严格控制并规范市场筹资过程。

一 政府的主观努力是重要基础

在 2010 年,从资金规模而言,日本国家助学贷款制度已经发展到供求基本平衡的阶段。[①] 这主要得益于本金新增资金的快速增加。如表 3 - 1 所示,新增资金在 1991 年为 1093.52亿日元,2010 年则增至 9543.14 亿日元,20 年间增长了 7.73 倍。增速着实惊人。

但是,这里是原始数量,没有考虑通货膨胀即货币贬值因素。剔除货币贬值影响的最常用方法是通过价格指数对原始金额进行不变价格换算。但是,对于一个正常发展的健全经济体来说,合理范围的货币贬值及通货膨胀和经济发展速度密切相关,[②]同时,使用 GDP 作为换算基准还可以把价格变化以外的其他社会因素的综合影响排除在外。因此,这里,通过观察国家助学贷款资金总额对相应时期 GDP 总额的比值变化来判断实际增长程度。表 3 - 3 表明,1991 年国家助学贷款新增资金总额与 GDP 总额的比值为 0.24%,2009 年国家助学贷款新增资金总额与 GDP 总额的比值则为 1.53%。后者仍然比前者多出 5.38 倍,这说明在排除物价上涨等诸多社会因素的综合

---

① 供求平衡即现行制度能够满足大学生不同数量与不同形式的资助需求。这是作者访谈调查时,国家助学贷款研究专家日本东京大学教授小林雅之的观点。

② 曼昆.经济学原理·微观经济学分册(第 5 版).北京大学出版社,2009. 15.

影响后,新增资金仍然有大幅度增长。这是如何形成的呢?

从原因来看,新增资金的增长分解为如下两个部分:一部分是经济增长的客观结果。经济增长带来政府财政收入增长,政府公共教育支出从而增长,助学贷款投入也相应增长。其指标为政府教育财政经费/GDP 总额×100％的变化;另一部分是政府努力的主观结果。即通过多种多样渠道获得的超过政府教育支出增长比例的新增资金,其指标为国家助学贷款资金/政府教育财政经费×100％的变化。两指标之间的关系如下:国家助学贷款新增资金总额/GDP 总额×100％＝(政府教育财政经费/GDP 总额×100％)×(国家助学贷款资金/政府教育财政经费×100％)。

表 3 - 3 表明,在 1991 年至 2009 年间,政府教育财政经费/GDP 总额×100％仅有微弱增长,这说明,该期间的政府教育财政经费的增长与经济增长几乎同步。[①] 与此相比,国家助学贷款资金/政府教育财政经费×100％这一指标增长很快,2009 年为 1991 年的 4.48 倍。这个数字说明该期间国家助学贷款本金资金的扩大几乎完全来自于政府正常财政增长所带来的财政资金扩大之外的其他资金。也就是说,不是经济发展水平与政府财政收入,而是政府扩大国家助学贷款制度的决心和筹措资金的积极措施,决定了本金资金的快速增长。

---

① 同期,日本经济处于负增长阶段,2009 年的 GDP 较 1991 年有所降低。各届日本政府都致力于缩小财政支出,整体财政支出呈现明显的下降趋势。政府教育财政经费/GDP 总额×100％的微弱增长,就意味着中央政府增加了对教育财政投入的相对比例。

表3-3　政府主观努力对日本国家助学贷款本金资金增加的影响

	国家助学贷款资金/GDP总额×100	国家助学贷款资金/政府教育财政经费×100	政府教育财政经费/GDP总额×100
1991年	0.24	5.40	4.50
2009年	1.53	30.87	4.95

资料来源:文部科学省.文部科学統計要覧(平成24年版)17.教育行財政(Excel:207KB)教育費総額・公財政支出教育費と行政費・国内総生産との関係.http://www.mext.go.jp/b_menu/toukei/002/002b/1323538.htm,2012—5—20.笔者计算而成。

二　保持政府的资金控制力度

由于政府的积极努力,国家助学贷款本金资金快速增长就不足为怪了;另一方面,政府的积极努力也意味着政府对资金的强大控制力度。当然,需要强调的是,政府控制下的资金未必意味着财政拨款而仅仅意味着通过政府力量而获得。理解这一点非常重要。政府控制资金为本金主体在国家助学贷款制度的建立、发展和完善过程中具有非常重要的意义。这个重要性可以通过与我国的对比来理解。我国国家助学贷款制度的本金完全是市场资金即由国有商业银行负担,这在制度建立初期,有投资少、见效快的明显优点。但是,在其后的发展过程中,在各方利益相关者的博弈下,对银行的"惜贷",政府所能够做的就是,建立风险专项基金来提高对银行的财政补贴和转化银行风险到学校等。① 即使如此,银行方面对

---

① 教育部,财政部,人民银行,银监会.教育部・财政部・人民银行・银监会关于印发《国家助学贷款风险补偿专项资金管理办法》等有关文件的通知(2004.6.28).http://www.xszz.cee.edu.cn/show_news.jsp?id=774,2008—10—20.

国家助学贷款制度反应仍然很冷淡。[①] 学者一般用单笔数额小、单多、持续时间长以及学生流动性强等助学贷款的客观特征来解释银行惜贷。[②] 然而，这类解释并未触及问题本质。实质是政府在制度本金控制上失去了话语权。可以想见，在政府缺乏资源控制的助学贷款制度中，不管补贴如何之高，银行方面受其盈利本质所驱，总是趋向于惜贷的。

三　政府在市场筹资过程中起主导作用

虽然日本国家助学贷款本金中也有 20％左右的市场资金，但是市场资金不能够随意进入到制度之中。政府在市场融资中起主导作用。具体体现在：第一，市场融资不是由助学贷款经营机构随意在金融市场上进行，其规模大小需要通过国家预算审议机关即国会的审批；第二，市场资金仅仅通过购买机构债券参与到制度之中，获取利息而已。对制度本身的运营没有任何实质性影响；第三，市场资金在本金总体中所占份额较少。

在导入市场资金上，日本的严格控制与美国的自由放任形成了极为鲜明的对照。在美国，商业银行可以很方便地进入联邦助学贷款制度的整体体系之内，从事联邦助学贷款项目之一的联邦家庭教育贷款（FFELP）的供给。在它的鼎盛时期，整个贷款制度的本金总额的一半以上由商业银行提供。

---

① 郑士敏.助学贷款：银行不爱没商量[J].浙江金融，2003(12).48.
② 宋飞琼.国家助学贷款银行惜贷之理论分析与破解路径[J].金融理论与实践，2008(3).70—73.

众所周知,美国的 FFELP 制度曾是我国助学贷款制度初创时期的唯一蓝本。然而,在 2008 年开始的这次经济危机中,商业银行的逐利本性使抽出资本的商业银行增多,造成了美国联邦助学贷款制度的极度不稳定。这是美国联邦政府于 2010 年宣布全面接管 FFELP 项目的根本原因。联邦政府对 FFELP 项目的强力接管,象征着美国式的大规模和便捷地利用市场资金,进行国家助学贷款制度建设的理论,在实践中遇到了难以逾越的瓶颈。①

第五节　小结:政府的自我市场
定位及其意义

当前的日本国家助学贷款制度体系的资金筹措主要具有以下两大鲜明特征:资金来源构成以市场资金为主、政府资金为辅的多样化筹措机制和政府充分发挥主导作用。2010 年,在日本国家助学贷款制度的新增本金资金中,政府资金仅占全体的 7.37%,其余都是市场资金,形成了市场资金为主、政府资金为辅的基本制度。但是,在市场资金中,中央政府拥有高度控制权的政府财政贷款却占全体的 75.87%。

日本国家助学贷款本金资金来源构成的这个特征不是自

---

① 美国联邦助学贷款制度体系中的 FEEL 项目的当前窘境也有可能具有暂时性,不可遽下断论。

国家助学贷款制度建立之初就有的,而是在长期发展过程中
逐渐形成的。若从 1945 年第二次世界大战结束后算起,政府
财政借款出现最早(1945 年),政府财政贷款次之(1884 年),
债券收入出现最晚(2001 年)。而且,在不同时期里,不同资
金来源在国家助学贷款制度本金资金总体中所占比例也稍有
不同。三种来源资金的历史起源及其发展变化轨迹可以概括
为下图 3-2。

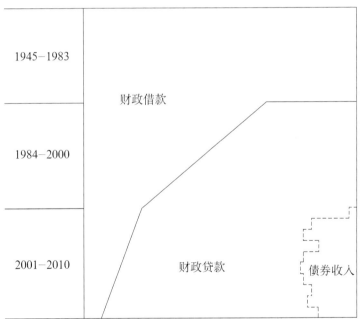

注:各资金来源所占比例为大约并非精确比例。

图 3-2 三种资金的历史起源和发展路径的概念归纳图

"巧妇难为无米之炊"虽然道出了社会经济现象背后的客
观原理,但是却忽视了政府主观的政治能动性即良好制度设
计对经济基础的反作用。具体到国家助学贷款制度上,日本

的成功经验有力地说明,即使在政府财政极端困难,没有充分本金资金的情况下,国家助学贷款制度可以采取的替代资金来源还是有很多。关键是政府是否充分认识到该制度在社会发展中的重要性,具有完善国家助学贷款制度的决心与操作智慧。

日本国家助学贷款制度的巧妙的本金资金筹措机制无疑具有很多启发意义。主要体现在以下三点①:第一,国家助学贷款制度的完善虽然在一定程度上受到政府财政现状的制约,但是政府财政充足并不是国家助学贷款制度本金充足的充分必要条件。政府在制度设计上的积极的主观努力才是决定性的前提条件。其实,所有教育制度上的政府投资莫不如此;第二,把政府财政投资政策与国家助学贷款政策有机结合起来。对国家助学贷款的财政投资是具有生产性的投资。这个生产性直接体现在,它是国家财政投资的最稳定的投资渠道之一,符合以社保基金为来源的政府财政投资的保值为主、增值为辅的基本要求。而我国对社保基金与国家助学贷款制度之间存在的可能关系还缺乏必要的理论与实践关注。这个生产性间接体现在,通过促进高等教育升学率,提高社会人力资源储量的数量与质量,给社会带来巨大的远期经济利益。

---

① 日本国家助学贷款制度资金筹措的经验还提供了政府与市场之间如何发展良好关系的一般性的现实例证。第一,市场机制也存在于政府组织内部,它在很大程度上制约着政府机构的行为的经济效率;第二,政府只是市场上的关键一分子,但是不能够随意控制或改变市场的基本方向;第三,政府小于市场不意味着政府无所作为,政府能够而且应该积极发挥市场的关键行为者的功能,引导市场良性发展。

对此,已有很多研究提及。看到日本在长期的经济生产大幅下滑和各级政府财政收入急剧下降的情况下,却仍然斥巨资于国家助学贷款制度建设,笔者敬佩与不安之心交杂。其实,近 10 年来,日本国内要求强化"科技与教育兴国"政策的呼声不绝于耳;①第三,如何合理和有效地运用市场资金于国家助学贷款制度建设这一公共事业。其中的核心原则是,既要保证政府资金在本金中的主体地位,同时还要有效导入市场资金并加强管理。

---

① 日本文部科学省. 第 4 期科学技術基本計画の概要. http://www. mext. go. jp/component/a_menu/science/detail/_icsFiles/afieldfile/2011/08/22/1293746_01_1. pdf,2016—05—28.

第四章　资金发放：公平与效率的博弈①

　　在筹措了一定数额的资金之后，国家助学贷款制度若要顺利运行并实现政策目标，下一个需要解决的关键问题就是这些资金应该如何分配。一般说来，社会资源的分配通常有公平与效率两个基本标准，国家助学贷款的资金发放当然也不例外。不过，与一般社会资源的分配相比，国家助学贷款两个基本标准的具体内涵会有所不同，这由其资金的性质来决定。这两个标准具体到国家助学贷款制度上，其核心内涵如下：公平标准就是要求把资助发放给家庭经济较为困难的大学生，效率标准就是要求把资助发放给个人能力较强的大学生。

　　理论上，国家助学贷款资金发放的两个标准之间存在着明显的不可调和的内在本质矛盾。这是因为，很多实证研究

　　①　本章参考了拙著《在效率与公平之间——大学生资助体系中政府定位的中日比较》(上海教育出版社，2009)第六章的部分内容。

的结果表明，我国学生的个人能力或者说学业成绩与家庭经济条件之间呈现密切的正相关。① 与此同时，战后半个多世纪以来，国外的经典研究也得出了基本相同的结论。② 这样一来，公平和效率两个发放标准的目标对象应该是两个完全没有任何交集的大学生群体。但是，实际上，在具体政策的操作实践中，这个矛盾并非如此不可调和。首先，在一定的社会经济条件下，国家助学贷款的公平与效率标准之间存在着很强的一致性。其次，相对合理的政策设计能够在一定程度上化解双方的内在矛盾，使大学生资助政策最终得到比较理想的效果。③ 日本国家助学贷款制度的发展历史就充分说明了这一点。

本章从资金性质对资助对象确定的重要性出发，首先，界定家庭收入标准和学业成绩标准作为日本国家助学贷款发放标准的内在合理性。然后，分析在日本国家助学贷款制度的发展历史上资金发放标准及二者之间的关系的性质变化。最后，研究当前的日本国家助学贷款制度的家庭收入标准和学业成绩标准的具体特征及二者之间的互动关系。

---

① 中央教育科学研究所中小学生学业成就调查研究课题组. 我国小学六年级学生学业成就调查报告. 教育研究 2011(1)27—35；任友群，杨向东，王美，赵健，庞维国，林立甲. 我国五城市初中生学业成就及其影响因素的研究. 教育研究 2012(11)36—43；卢智泉，张国毅，侯长余，杨惠君. 家庭因素对学生学习成绩的影响. 中国行为科学，2000(1)16—17.

② 珍妮·H·巴兰坦. 教育社会学——系统的分析(第六版). 中国人民大学出版社，2011：41—59.

③ 琼·斯玛特. 高等教育学(第十七版). 江苏教育出版社，2009：112—144.

第一节　资金性质及资助对象确定

一　资金的双重基本性质

政府支出资金的性质由使用该资金的政策目标所决定，国家助学贷款制度也不例外。国家助学贷款制度具有多种政策目标，因而其资金具有多重性质。但是，在日本，国家助学贷款的基本目标只有两个，故其基本性质也应该有两方面。第一，国家助学贷款的基本目标之一是高等教育机会公平，所以，资金应该用于资助家庭经济贫困大学生，因而是扶贫性质的政策资金。第二，国家助学贷款资金又是政府投资资金，具有一般政府投资资金的保值求利的效率追求。所以资金要用于那些学习能力强，即人力资本投资效率高的大学生。因而它又是投资性质的政策资金。两者之间关系的协调是当代政府不能忽视的重要问题之一。

（一）扶贫资金

首先，国家助学贷款是扶贫资金。其基本目的是解决经济贫困群体上大学时遇到的经济困难。在这一点上，它与政府的最低工资法、社会福利、负所得税与实物转移支付等其他减少经济贫困的政策资金并没有什么两样。而且，特别类似于其中的社会福利这一具有救济功能的资助形式。只不过，两种形式所要解决的经济困难的具体内容不同而已。

社会公平是现代社会至高无上的价值追求之一,作为现代社会的政治目标没有人质疑它的政治合理性。但是,对于如何实现它的观点却多有分歧。对现代国家自第二次世界大战后实行的解决经济贫困的诸多策略,目前存在着很多讨论与反思。① 当前,理论界普遍认为,第一,单纯的扶贫策略有很多弊病,它重在于输血,只能解一时燃眉之急。第二,而且,这些策略的本质是收入再分配,收入再分配政策具有明显的负面功能,若没有其他的配套措施,那就是通过奖懒罚勤,最终使经济总量这块蛋糕越来越小。② 所以,有效扶贫政策的关键还在于要首先要把经济蛋糕做大。第三,在今后的政府扶贫制度体系中,培养经济贫困群体的赚钱能力应该是最重要的改革方向,即变单纯的输血为提供造血功能。

为了变输血政策为造血政策,通过教育尤其是高等教育进行扶贫即教育扶贫就成为了很多国家的重要政策选择。教育扶贫以二战后系统化起来的人力资本理论为理论基础。该理论认为,一个国家的高等教育投资与国民经济发展、一个个体的接受教育程度与个人工资收入之间存在着极高的统计关系。③ 因此,社会个体可以通过接受高等教育来脱贫,社会整

---

① 曼昆.经济学原理·微观经济学分册(第5版).北京大学出版社,2009.437—460.

② 这里,首先假定个体的所有收入都是通过合法手段而获得。

③ Paulsen,Minchael B.,斯马特(Smart,John C.).高等教育财政:理论、研究、政策与实践.北京师范大学出版社,2008:61—102.

体则可以通过提高高等教育投资来实现共同富裕。这样的教育扶贫思想可以概括为下图 4-1。①

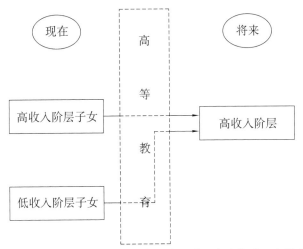

图 4-1 高等教育对个人社会上升流动经济功能的理论模型

　　为了方便说明,假定社会上只有高收入阶层与低收入阶层两类社会群体。高收入阶层的子女自然可以毫无经济阻碍地通过接受高等教育或直接而进入高收入阶层。同时,低收入阶层的子女也可以通过接受高等教育而有可能进入高收入阶层。但是,接受高等教育需要一定的经济实力作为基础,低收入阶层自己仅靠自力无法让子女顺利进入高等教育,这就需要社会及作为社会代表的政府来帮助。而且,社会也可以通过帮助低收入子女成功脱贫,而在将来实现共同富裕的社会目标。在这里,高等教育无疑就是中国传统文化中的那扇"龙门"。

---

　　① 金子元久,小林雅之.教育の政治経済学(放送大学教材).放送大学出版社.2000:1—45.

(二) 投资资金

在分析国家助学贷款资金的投资资金性质之前,先来看一看投资资金的资源制约性对投资行为的影响。简而言之,投资就是把资金用于能够带来利润即赚钱的事业上。投资就有风险。但是,这个风险大小与用于投资的资本存量即资源的制约性有密切关系。理论上,资金投资的结果有三种:赔、不赔不赚和赚。实际上,在很多时候,资金投资结果只有两种:赚或赔。这里以掷硬币赌博为例,喜欢赌正面的投机者就不得不面对硬币是反面的风险,而根据概率理论,每投一次出现反面的风险是50%。如果用于投资的资金存量接近无限,就没有了投资风险。比如,第一次押正面100元,输掉了,第二次就押正面大于200元的赌金,如果再次输掉,第三次,就押正面大于300元的赌金,如果再输掉,就再押正面大于600元的赌金,以此类推下去。根据概率理论,总有下一次出现正面即投机者能够赢的时候,这样,就可以把所有输去的本金再赢过来。所以,投资资金无限的投资者永远没有投资风险。但是,事实是,不管在任何时候,用于押宝的资金资源总量肯定是有限的。所以,经济学家都把资源的有限性作为诸多经济学理论分析的逻辑起点。也就是说,为了保障投资效率,投资者在赌硬币的正反面时,不可能不假思索地一直选择正面,必须综合考虑选择最大盈利的可能性。广而言之,其他投资也要根据可能的效率对投资对象进行选择。

包括国家助学贷款在内的来自各级政府的巨额资金更是

如此。国家助学贷款作为投资资金的性质决定了政府必须考虑如何投资才能保证这部分资金的投资效率。当然，投资对象不同，所考虑的投资效率也不同。从投资对象而言，国家助学贷款资金既是国家人力资源投资也是政府财政投资，这两种投资所考虑的效率不尽相同。然而，对国家助学贷款资金所具有的政府财政投资这个方面的性质，我们以前很少考虑过。

1. 国家人力资源投资

国家助学贷款作为国家人力资源投资又可以具体分为两大类：一般人力资源投资与特殊人力资源投资。两者对投资效率的要求不尽相同。但是，不管是哪一种性质的人力资源投资，政府为了保障投资效率，本质上都要求资助有能力的大学生。

一般人力资源投资是投资于社会劳动力的综合素质与一般能力提高的政府资金。它的必要性可以用劳动力的供求关系即供求曲线来说明（图 4 - 2）。如图 4 - 2 所示，一个社会的高等教育机会的供给曲线与需求曲线分别为 D 与 S。如果没有其他条件限制，即高等学校可以提供它想提供的就学机会，个人可以获得他想获得的高等教育就学机会，那么两条直线则相交于 E 点，E 点为高等教育就学机会的供求均衡点。Q 为均衡数量，P 为均衡价格，即均衡学费。但是，不是每个个体都能够负担高等教育的均衡价格。在完全市场条件下，个体能否负担均衡价格由个体的家庭经济条件来决定。[①] 这

---

① 这里没有考虑资本市场的性质。如果资本市场也是完全的，即学生及家长可以从资本市场上得到所需要的高等教育资金，分析结果会完全不一样。

样,经济条件差的一部分个体就不可能得到高等教育就学供求机会。最后的结果是,受到家庭经济条件的限制,高等教育机会的需求曲线 S 左移至 S′,而供给曲线不变,这时候,两者的交点为 E′,供求均衡量为 Q′。这样一来,高等教育实际供给量比社会的客观高等教育需要量少 Q-Q′。

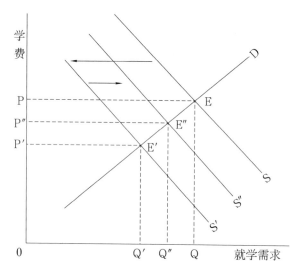

图 4-2　家庭经济对高等教育就学机会
供求关系变化影响的理论模型

理论上,Q 点的高等教育就学机会是社会发展所需要的受过高等教育的人力资本数量,所以,只有所有经济贫困群体都得到合适资助,进入高等教育学习,才能得到符合社会需要的人力资本数量。但是,实际上,因为资源的限制,政府客观上不可能负担社会需要的所有高等教育资助,即个体进入高等教育学习的经费缺口不可能完全由政府资金负担。这样,政府只能从经济困难群体中选择一部分进行经济资助,选择份额的大小主要根据政府财力而定。政府部分资助的结果是,整个社会的高等教育需求曲线就从 S′ 变为 S″,均衡点是 E″,均衡量是 Q″。虽然这时候的教育供给没有能够完全满足社会要求,不足量为 Q-Q″,但是已经比没有政府资助时的教育供给改善了很多,改善量为 Q″-Q′。

　　总之,哪怕是在保证社会的高等教育机会公平的前提下,把政府资助完全用于资助经济困难人员,也要考虑投资效率,即资助家庭经济困难人群中的有较高能力者。

　　同时,国家人力资源投资不仅仅是一般能力投资,还包括很多特殊人力资源的投资,比如,对智力超群者和具有运动与艺术天赋者的教育投资等。这些特殊能力的培养需要大量资源,个人也不能够完全负担。而且,从个人对国家和社会的贡献来说,这些多样化才能者的预期社会回报更大,因而更需要政府资助。当然,这些特殊才能者不限于贫困人群子女。更确切地说,统计结果说明,社会经济上层子女中出现特殊人才者的概率更大。原因之一是因为特殊才能需要早期发现与培养开发,而这些措施都需要大量的经济基础。所以,有些国家为了开发经济贫困群体中的天才儿童,往往采取一些特殊的措施,比如早期干预的教育计划。总之,政府资助的特殊人才投资的属性使国家助学贷款倾向于资助有杰出能力的大学生。特殊人力资本投资超出了本文的讨论范围,略而不论。

　　2. 财政投资

　　另一方面,国家助学贷款资金还是政府的财政投资资金。

公众常常把来自政府的资金都想象成个一个均一的具有高度
纯粹公益性质的东西，其实不然。为此，这里就需要分清政府
财政拨款与政府财政投资的区别。从两个资金使用的首要目
标而言，政府财政拨款是政府用于公益事业的拨款，政府财政
投资是政府希望获得现金收益的政府资金。为此，必须搞清
楚个人的高等教育就学行为是否具有公益性，也就是常说的
外部性。

首先，需要分清高等教育制度与高等教育就学两个概念。
毫无疑问，高等教育制度具有多方面的外部性。这一点已经
为社会所公认。比如，高校进行的基础科学研究等。但是，对
于个人进入高等教育学习这一行为是否具有外部性争论很
大。有人认为，个人进入高等教育学习具有较大的外部效益，
有人认为没有或很少有外部效益。越来越多的人认为高等教
育就学的收益主要为个人所得。① 具有外部性的事业则需要
政府财政拨款负担，否则就不需要。

如果个人高等教育就学并没有多少外部性，那么，政府的
国家助学贷款除了帮助学生度过一时的经济难关之外，并没
有其他更重要的政治功能。因此，不能使用财政拨款，而只能
使用财政投资。这是很多国家越来越使用国家助学贷款支持
经济困难大学生的理论基础所在。当然，这时候，就必须考虑
财政投资的收益性即可回收性。在这一点上，国家助学贷款

---

① 埃尔查南·科恩.教育经济学(第三版).格致出版社,2009:299—318.
笔者对此观点持谨慎态度。并认为，如果把个人高等教育投资行为的收益进一
步细细划分，也许其中的直接经济收益主要被就学者个人所获得。

与一般商业贷款相同，都要寻找优质客户。国家助学贷款的优质客户是能力强的大学生。

二 家庭经济背景与能力之间的复杂关系

既然国家助学贷款要兼顾大学生的家庭经济条件与个人能力两个方面，如果大学生的家庭经济背景与能力之间存在较高的反向正相关，那么不就不存在任何问题了？而且，我国自古以来就有一句俗话，说"穷人的孩子早当家"，意思是家庭越穷，孩子的自理能力就较早形成。与此相对，还有一句更高雅的古诗说"自古雄才多磨难，纨绔子弟少伟男"。当前，我国社会对"富二代"的能力存在着担心，大约也是出于同样的道理。其实现实未必如此。

（一）二者之间的明显负相关

学生能力的指标很多。但是，作为内在倾向特征，能力只能被感觉到而不能被观察到。因此，能力评价只能通过一些外在的代替指标，教育中一般以学生学业成绩为能力的基本指标。以学习成绩作为能力评价指标受到不少人的批判，因为现实中确实存在着看似"高分低能"的现象。但是，学习成绩虽然不是最完善的指标，除此之外不可能找到更好的代替指标。

长期以来，对学生的学习成绩能力与家庭经济条件之间的关系进行研究的学术成果很多。如前所述，大部分研究结果已经证实，家庭经济条件越好学生的能力就越强，相应地学习成绩就越好。国内外的研究结果基本相同。

(二) 根据家庭经济条件与学习成绩的大学生分类

如前所述,用于国家助学贷款的资源相对是非常有限的,同时,国家助学贷款资助的目标是非常明确的。因此,理论上,只有一定收入之下和一定学业成绩之上的大学生才有可能获得资助。这样,可以从学生的家庭经济条件和学业成绩这两个角度从理论上把接受高等教育的学生大致分为四类,即 A 类(低收入·成绩好)、B(低收入·成绩差)、C(高收入·成绩差)和 D(高收入·成绩差)等。只有 A 类大学生才能获得国家助学贷款资助。

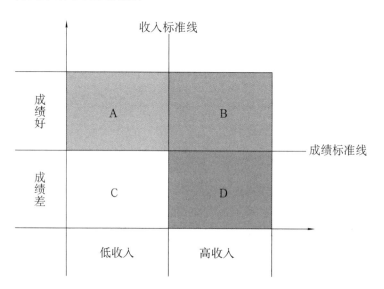

图 4-3　大学生家庭经济条件与学业
成绩之间关系的理论模型

三　资助对象的实际确定

很明显,在上图4-3中,A群体的大学生的规模大小完全取决于收入线与成绩线如何划定。这两条线的划定则完全取决于国家的大学生资助政策。政府在制定不同时期的大学生资助政策时,虽然会受到执政者个人主观因素的一定影响,但是主要还是以下一些客观因素的影响更为有力:社会价值取向。[①]比如,高等教育公平越来越受到重视;政府的经济和高等教育发展战略;经济与高等教育的发展阶段等。一般而言,在现代社会里,政府需要坚持以公平为主、兼顾效率的基本原则。但是在经济和高等教育发展过程中,在具体的实施操作上,不同国家的政府会在公平与效率的侧重点上根据实际情况有所取舍。

现代社会的大学生资助,必须坚持限定性公平原则。换句话说,就是包含效率的公平性的基本原则。这个基本原则包含以下两个递进的层次:第一,国家大学生资助首先必须按照高等教育公平的原则,即以资助经济贫困群体的大学生为主。这是国家大学生资助的最基本原则;第二,国家高等教育投资总额具有有限性,所以即使针对贫困大学生,也不能面向

---

① 原为大藏省(相当我国财政部)官僚后为内阁总理大臣的大平正芳在1980年后,重回大藏省任职大藏大臣。当时日本国家助学贷款仅仅有第一种助学贷款。从个人经历出发,他主张缩小国家助学贷款的资助范围而对少数入选者实行大力度资助。然而,即使是这样的实力领导者也未能对抗时代要求,最终不得大大幅度扩大资助名额。由于资助制度的总金额是相对固定的,因此,实际上名额扩大无异于降低单位资助力度。

所有贫困大学生,而只能面向成绩优秀和能力高的贫困大学生。这不仅体现了高等教育的效率原则也符合现代社会的能力主义原则,能够促使贫困大学生努力学习积极进取。

而且,两个维度上的划分标准也不是固定不变的,它们随两个因素的变化而变化。首先,它随大学生资助政策重点的变化而变化。在坚持公平和效率两个原则兼顾的基础上,还存在着是注重公平还是注重效率的两个不同方向。如果政策稍微向公平倾斜,那么资助对象中还会包括一部分家庭经济困难且学习努力但成绩并不十分优秀的学生。如果政策稍微倾向于注重效率,那么资助对象中就会包括那些家庭经济较好和学习成绩中上等的学生。其次,国家大学生资助对象标准划分也随社会经济发展程度高低而变化,一个国家的经济发展水平越高高等教育投资规模越大,则对获得国家大学生资助的标准越宽松。即所要求的学习成绩标准的下限降低而获得资助的家庭收入的下限会升高。日本国家助学贷款制度发放标准的发展历史嬗变就突出而生动地显示了这一点。

第二节　资金发放标准的历史变化

在日本国家助学贷款制度的发展历史上,资金发放标准及二者之间的关系也随着时代的变迁而发生过明显的性质变化。它的变化历史大致可以划分为三个不同的阶段:第一阶段,公平与效率的实质性统一(1943—1957 年);第二阶段,公平与效率对立的明显化(1958—1983 年)；第三阶段，公平与效率的有机统一(1984—2010 年)。分述如下。

这里需要注意的一点是，发放标准变化的三个阶段与整体制度的三个发展阶段之间不同步。换句话说，公平和效率之间的对立和尖锐化主要出现在整体制度发展的第二阶段里，而在整体制度发展的第一和第三阶段里，公平和效率之间基本不存在需要解决的重大问题。

一　制度确立期：公平与效率的实质性统一

理论上，作为国家助学贷款制度的资金发放标准的公平与效率之间应该是完全对立的，二者之间的关系简直可以用"形同水火"一词来概括。但是，实际上，在世界上某一国度的特殊历史时期内，公平与效率的基本内涵竟然有可能高度重合。日本国家助学贷款的资金发放标准在 1945—1960 年间就出现过这种情况。这体现出高等教育的公平和效率之间关系的复杂性和历史条件性。

在这一历史阶段里，日本国家助学贷款的公平和效率标准之间之所以能够如此高度重合，完全是受到制度外部环境条件的巨大影响所致。这里的外部条件主要是经济发展水平和高等教育发展阶段两个基本要素。首先，从经济发展水平来说，那个时期的日本经济虽然比同期中国的经济水平较高一些，但整体水平上也未必高出很多。而且，侵华战争的彻底失败对日本经济的打击也很大。因此，经济恢复是当务之急。在这一经济恢复时期里，虽然不同社会阶层之间有一些经济收入上的差异,甚至可能也有极少一部分富裕者,但是社会的大部分人群都是经济不富裕的。因此,大家基本都是国家助学贷款制度的可能资助对象。其次,从高等教育制度的发展阶段来说,当时日本高等教育的规模非常小,因此,只有极少一部分人能够进入高校学习。① 这样一来,在高校中,来自不同社会阶层的大学生群体之间的经济负担能力、学习能力和学习成绩差异几乎不存在,至少差异不是非常明显。

因此,国家助学贷款制度的资金发放的家庭经济标准就几乎起不到任何有效的筛选作用。实际上,决定资金发放的最重要标准也可以说是唯一标准就变成了学生本人的学习成绩。而学习成绩好坏主要取决于求学者的基本能力和学习意愿。《日本育英会法》是规定日本国家助学贷款基本框架的法律,当时的《日本育英会法》就明确规定,日本国家助学贷款是资助有能力且愿意学习但是无力负担学费的学生。这个规定至今也没有变化,虽然其中的有些侧面已经与实际不符,成为了该制度长期变迁历程的纯粹"残余"。

同样的情况在我国大学生资助制度的发展历史上也出现过。建国以后,我国之所以实行全员人民助学金制度,其实是因为当时大学生集体不富裕和仅有少量大学生,因而大家都优秀的客观现实缘故。并非如后来某些研究者所言,当时资助制度因政治理念的影响而存在重大缺陷。正因为如此,后

① 鲍威. 未完成的转型:高等教育影响力与学生发展. 教育科学出版社,2014.14.

来随着我国高等教育规模扩大,中央政府便开始考虑和着手改革人民奖学金制度。① 同样的情形在美国高等教育制度和大学生资助制度的发展历史上也出现过。更为惊人的一点是,大学生资助制度的建立、存在和发展直接导致了美国系统的学业成绩评价制度体系的产生和迅速发展。为了更公平地发放学生资助,美国高校才踏上建立系统的通过考试进行大学生学业成绩评价制度的历史征程。② 在这一点上可以说,第二次世界大战后,正是大学生资助制度的建立和发展直接形塑了包括中美日诸国在内的世界上主要国家的高等教育制度,并进而制度化地规定了该社会的具体人才规格。

二　制度发展期:公平与效率对立的明显化

从经济发展史的角度来看,1958—1983 年的日本经济发展可以分为两个性质不同的时期:经济高速增长时期(1958—1972)和经济缓慢发展时期(1973—1983)。作为历史进程中的偶然因素,二战后尤其是朝鲜战争带来的战时经济为日本经济的快速恢复提供了千载难逢的良好开端。以此为契机,20 世纪 60 年代初,经过 10 多年的恢复发展之后,日本经济就进入了一个高速增长时期。这个经济高速增长阶段持续了十多年,其速度之快引起世界各国的瞩目。但是,因为本土资

---

① 余秀兰. 60 年的探索:建国以来我国大学生资助政策探析. 北京大学教育评论,2010(1)151—164.

② Matthew B. Fuller. A History of Financial Aid to Students. Journal of Student Financial Aid. 2014. Volume 44(1):7—25.

源匮乏而高度依赖进口的缘故,日本经济持续高速增长最终为 20 世纪 70 年代初的世界石油危机所打断。1973 年后日本就进入长时期的经济缓慢增长阶段。较长时期的经济高速增长虽然带来了不同社会人群收入的普遍增长,但是,不同社会群体的收入增长程度则大不相同,尤其是高收入和低收入之间的差距逐渐而明显地拉大。收入差距的逐渐扩大必然导致整个社会的不满增多,这进一步加剧了早已有之的社会不公平的大众意识。当然,这个不公平的社会意识程度远不及我国当前社会的强烈。

　　从高等教育制度发展进程的角度来说,在这一阶段里,高等教育在校人数急剧膨胀。高等教育入学率在很短时期内就从二战结束后不久的 3% 左右一跃而超过 15%,并迅速达到 30% 左右。日本高等教育扩张的原因很复杂,这里姑且不论。但是,高等教育规模扩张的直接结果之一就是在校学生的社会阶层多样化,尤其是来自较低收入家庭的大学生数量急剧增多。而且,更为重要的是,低收入家庭学生进入高等教育学习的重要目的之一就是通过接受高等教育来彻底改变自身及家庭的社会生活环境条件,至少在政府宣传控制下的主流社会意识是这样解释高等教育机会公平的。在这一点上,世界上现代社会的每个国家和政府都是如此,日本自然也不会例外。同时,从大学生的直接学习目的实现的时间和空间特征上来说,低收入家庭子女对高等教育回报周期的要求也比较高,具有明显的短期性和直接性。因此,他们对大学生资助的主观要求比实际客观需求要来得更为强烈一些。

但是，日本中央政府的大学生资助规模并没有随着高等教育规模的扩张而及时扩大。一方面，在世界现代历史发展的可视范围内，即使在经济高速增长时期，整个社会上也有很多超过大学生资助的政策重点，尤其在军事和社会保险领域，而政府的财政资源总是有限的。除非政府有无限的印钞权和丝毫不惧通货膨胀；另一方面，高速经济增长成果惠及包括高等教育在内的教育·社会发展领域一般具有一定的客观滞后性。这样一来，当时的日本国家助学贷款制度就明显不能满足社会的大学生资助需求。

在国家助学贷款资金严重供求失衡的状态下，国家助学贷款对受资助者资格尤其是学习成绩的要求越来越严格，甚至通过全国性的学业水平统考来选拔资助对象。与此相对比，国家助学贷款对家庭经济困难标准的要求就不免形同虚设。当然，这一阶段的国家助学贷款制度对家庭经济状况考虑不够也是制度的历史惯性所致。不管原因如何，总之，由于家庭经济条件和学习成绩之间的密切的正相关关系，社会公平对资助的强烈要求促使政府提高资助发放标准，其实就是学习成绩标准的不断提高。学习成绩标准严格化客观上又让最贫穷的那部分大学生得不到应有的经济资助。得不到满足的社会资助需要反过来进一步要求政府改革资助制度。如此二者之间关系的恶性循环最终形成了公平与效率之间的明显对立状况。这样一来，整个社会要求改革国家助学贷款制度的呼声越来越高。然而，究其实质，导致二者对立问题产生的不是制度体系本身存在根本缺陷，而是制度客观上缺乏扩大运行的事业费用。

三 制度成熟期:公平与效率的有机统一

经过社会各界的长期酝酿,为了适应新形势的客观要求,1983 年,日本中央政府颁布了新型的国家助学贷款政策。新政策重启利用政府财政贷款这一形式来扩充助学贷款资金来源的政府筹资措施。在这一点上,新政策其实并无十分新意,充其量只能是老调重弹。新政策规定,从 1984 年起,设立第二种国家助学贷款。第二种国家助学贷款所需要的资金源于政府财政贷款。与此相对应,以前依靠政府财政借款来支持的国家助学贷款被称为第一种助学贷款。与第一种助学贷款的无息性质相比,使用第二种助学贷款的学生则需要负担一定的贷款利息。这是因为,政府财政贷款需要使用者付息。

使用条件相对灵活的政府财政贷款就让日本国家助学贷款制度的资金来源一下子富足起来;另一方面,虽然此时日本经济进入缓慢增长时期,但是经济仍在持续发展,而且更为重要的是,这时候经济发展惠及的核心对象是各种社会不利群体。换句话说,处于社会经济底层的人群比例越来越少。相应地,迫切需要助学贷款的大学生群体人数也越来越少。同时,日本政府开始改变态度,转而对高等教育发展采取大力抑制政策,即严格限制设置新校和控制原有高校的规模扩张。①

---

① 黒羽亮一.戦後大学政策の展開.玉川大学出版部,2001:180—216.

这几方面作用叠加的结果是，极大地缓解了国家助学贷款此前的供不应求状况。在 1984—1990 年间，日本国家助学贷款中的政府财政贷款资金每年都以 10% 左右的速度增长。进入 20 世纪 90 年代后，日本政府财政贷款投入国家助学贷款制度的力度更大，而且，1990 年以后的国家助学贷款制度改革，基本上都是为了提高制度运行效率的细小改革，而没有制度体系基本框架的根本性变化。因此，自 1984 年以来至 2010 年左右的 30 年间，可以说，日本国家助学贷款制度进入了整体体系发展的相对成熟期。

近 30 年来，日本国家助学贷款发放标准变迁的主要特征可以概括如下，作为大学生获得国家助学贷款的重要依据，家庭收入标准和学习成绩标准变得越来越具体而明确。要求成为获资助对象的大学生的家庭收入相对要低，同时学习成绩却相对要好。而且，家庭收入与学习成绩之间的密切关系也在标准规定中得到了准确体现。对于学习成绩较好的大学生，不仅给予的贷款优惠额度大，同时家庭收入要求也比较低。对此，在以下第三节中详述。

第三节　当前发放标准的基本特征

一　家庭收入标准的明确化

日本国家助学贷款的家庭收入标准是指，政府在相关法律中明确规定的大学生能够申请国家助学贷款的家庭收入最高上限。家庭收入高于这个界限则不可以申请国家助学贷款。当然,低于这个上限仅仅意味着具有合法的申请资格,不表示一定能够获得国家助学贷款的资助。法定家庭收入标准确定的推导思路如下。

日本决定大学生资助时的家庭收入标准是由大学生对政府资助的客观需要决定的。大学生资助需要金额＝高等教育费用－家庭的高等教育负担能力。在美国,家庭高等教育负担能力有一个非常专业的学术名称,叫做预期家庭贡献(expected family contribution)。[①] 日本法律规定虽然没有给出一个具体的专业名词,但是政策背后的基本思想大同小异。由于家庭高等教育负担能力＝家庭收入－家庭必要生活开支,则大学生资助额＝高等教育费用－(家庭收入－家庭必要生活开支)＝高等教育费用－家庭收入＋家庭生活必要开支。对这个公式进行变换就得到如下公式,家庭收入＝高等教育费用＋家庭生活必要开支－大学生资助额。因此,在决定是否给予某个大学生国家助学贷款资助时,决定家庭收入标准的因素除家庭收入本身的性质而外,还取决于高等教育费用、家庭生活必要开支和大学生资助额三个其方面。

首先,家庭收入标准的高低取决于家庭收入来源的性质。对于大多数人来说,劳动工资收入是主要收入来源。这样,有

---

① 傅淑琼.美国联邦政府大学生经济资助技术分析.复旦教育论坛,2005(4):77—80.

稳定的固定工资收入和无稳定的规定工资收入就决定了家庭收入的基本性质。无稳定收入的劳动者很难获取和稳定收入劳动者一样高的工资收入。因此，在考虑国家助学贷款资助时，后者的家庭收入标准就要定的低一些。由于把研究生作为独立生活者（independent）看待，而研究生群体中很少有固定工资收入的，因此，对他们的家庭收入标准要求最低，不到标准家庭的一半。

其次，家庭收入标准的高低取决于高等教育费用的大小。高等教育费用主要包括学杂费与生活费两个方面，其高低主要取决于以下三个方面。第一，就读学校是国立·公立还是私立高校。私立学校的学费要远远高于国立·公立学校。在一些特殊专业，比如医学专业，名牌私立学校的学费是国立·公立学校的十多倍。而且，日本私立大学接受了80％以上的大学生。因此，私立大学学费是制定资助标准时必须考虑的要素。由于私立大学学费较高，私立大学学生的家庭收入标准就要定得相对低一些。第二，求学期间，自宅居住还是租房居住。租房居住所需要的住宿费很高。日本高校一般很少提供较多的学校宿舍供学生使用，大部分学生都要自己想办法解决求学期间的住宿问题。这样，租房居住者的家庭收入标准就要定得相对低一些。第三，教育层次。教育层次越低则意味着学生越早进入了非义务教育阶段，因此，需要的教育费用相对就要多一些。这样，教育层次较低高校的大学生在申请国家助学贷款时，所要求的家庭收入标准就要相对低一些。

表 4-1　2006 国家助学贷款的家庭收入上限标准(万日元/年)

教育层次	申请方式	学校性质	住宿方式	收入(第一种贷款)		收入(第二种贷款)		收入(混合贷款)	
				工资收入	非工资收入	工资收入	非工资收入	工资收入	非工资收入
高等专门学校	预约申请			779	322				
	在校申请	国·公立	自宅	836	362	1268	733	740	295
			自宅外	802	338	1242	907	706	271
		私立	自宅	865	368	1290	755	769	315
			自宅外	829	357	1263	728	733	290
专修学校专门课程	预约申请			916	430	1254	719	722	282
		国·公立	自宅	971	485	1314	779	800	337
			自宅外	906	420	1243	708	707	272
		私立	自宅	1010	524	1357	822	855	376
			自宅外	946	460	1287	752	764	312
短期大学	预约申请			916	430	1254	719	722	282
	在校申请	国·公立	自宅	982	496	1326	791	816	348
			自宅外	935	449	1275	740	749	301
		私立	自宅	1025	539	1375	839	877	391
			自宅外	979	493	1323	788	812	345
大学	预约申请			916	430	1254	719	722	282
	在校申请	国·公立	自宅	997	511	1343	808	837	363
			自宅外	950	464	1291	756	770	316
		私立	自宅	1040	554	1390	855	892	406
			自宅外	994	508	1340	805	833	360
研究生	硕士			416		595		316	
	博士			472		798		332	

注：1) 表中所指家庭收入指标准家庭。所谓标准家庭即是父亲家庭收入负担的主要劳动者，母亲为家庭妇女，有两个孩子的家庭。

2) 研究生作为独立家庭来计算。没有预约申请与在校申请的区分。

资料来源:《在效率与公平之间——大学生资助体系中政府定位的中日比较》.上海教育出版社,2009.104.

其三,家庭收入标准取决于家庭生活必要开支。这里的生活必要开支指饮食费。许多社会调查表明,日本不同阶层之间的人均生活必要消费比较平均,都在5万日元/月左右。因此,家庭生活必要开支主要取决于家庭人口的多少,家庭人口越多所需要的家庭生活开支就越大。这样一来,大学生出生家庭的家庭人口越多,所要求的家庭收入标准就应该越低。

其四,大学生资助本身的性质也是决定家庭收入标准的一个重要侧面。它包括两个方面的含义。第一,资助总额大小。整体资助额度越多,在平均资助额不变的情况下,就会有更多的大学生得到资助。这样,家庭收入标准就可以定得相对宽松一些,一些收入较高的大学生也可以申请国家助学贷款。然而,在具体年份,来自政府的助学贷款资助总额基本都是固定的,所以,在制定国家助学贷款的家庭收入标准时,这一点可以不予考虑。第二,个体资助力度大小。资助力度指发放每一份资助时,政府对大学生的财政补贴程度。日本国家助学贷款分为第一种贷款、第二种贷款和混合贷款三种形式,实际资助力度的大小从大到小依次是混合贷款、第一种贷款和第二种贷款。这样,三种助学贷款形式对家庭收入标准的严格程度也是不同的,呈现依次变高的趋势。

最后,申请方式也是影响家庭收入标准的重要因素。申请方式分为预约申请与在校申请。预约申请对家庭收入标准控制较严,也就是说只有收入较低的大学生才有资格申请。

　　另外,不同历史时期的国家助学贷款制度发放的家庭收入标准也不同。根本原因在于,由于经济发展水平是不断变化的,家庭收入标准也需要随之变化。比如,最近几年日本整体经济状况整体呈现下滑趋势,2010 年经济状况要差于 2006 年。因此,比较表 4 - 1 和 4 - 2 的相关数字就可以看出,对其他方面具有同样资格的大学生来说,2006 年所要求的家庭收入标准就明显要高于 2010 年很多。

　　进一步比较表 4 - 1 和 4 - 2 的日本国家助学贷款 2006 年与 2010 年的家庭收入标准,就可以发现,日本国家助学贷款的家庭收入标准变得越来越明确。比如,在 2006 年的规定中,仅仅确定了一个标准家庭(4 口之家)的家庭收入标准,其他家庭人口的家庭收入标准仅仅是参照标准家庭的家庭收入标准来执行。这样,在各相关部门具体执行时,就有很大的灵活空间。2010 年则明确了不同家庭人口的家庭收入标准线。总之,家庭收入标准的要求越来越具体。而且,对于同样资格的大学生,2010 年的家庭收入标准比 2006 年要低一些,即在 2010 年,家庭收入稍高一些的大学生也可以申请国家助学贷款。这一方面体现了政府增加了国家助学贷款的资助力度,另一方面则体现了长期经济不景气让大部分日本家庭的日常生活都受到了负面影响,所以,需要政府提供大学生资助的家庭数量上升。

表4-2　2010国家助学贷款的家庭收入上限标准(万日元/年)

教育层次	申请方式	家庭人口	学校性质	住宿方式	收入(第一种贷款)		收入(第二种贷款)		收入(混合贷款)	
					工资收入	非工资收入	工资收入	非工资收入	工资收入	非工资收入
高等专门学校	预约申请	3			699	266				
		4			739	294				
		5			779	322				
	在校申请	3	国·公立	自宅	699	266	1053	567	620	211
				自宅外	730	288	1075	589	652	233
			私立	自宅	736	292	1079	593	657	237
				自宅外	767	314	1101	615	689	259
		4	国·公立	自宅	750	302	1117	631	669	245
				自宅外	782	324	1139	653	700	267
			私立	自宅	787	328	1143	657	706	271
				自宅外	819	350	1165	679	737	293
		5	国·公立	自宅	790	330	1219	733	715	277
				自宅外	822	352	1263	777	746	299
			私立	自宅	827	356	1271	785	752	303
				自宅外	859	378	1315	829	783	325
专修学校专门课程	预约申请	3			836	362	1080	594	659	238
		4			890	404	1142	656	705	270
		5			923	437	1263	777	739	294
		3	国·公立	自宅	795	333	1051	565	617	209
				自宅外	852	373	1091	605	675	249
			私立	自宅	885	399	1117	631	712	275
				自宅外	924	438	1156	670	767	314
		4	国·公立	自宅	857	377	1115	629	666	243
				自宅外	903	417	1155	669	723	283
			私立	自宅	929	443	1181	695	760	309
				自宅外	968	482	1220	734	816	348

（续表）

教育层次	申请方式	家庭人口	学校性质	住宿方式	收入（第一种贷款）		收入（第二种贷款）		收入（混合贷款）	
					工资收入	非工资收入	工资收入	非工资收入	工资收入	非工资收入
专修学校专门课程		5	国·公立	自宅	904	418	1215	729	711	275
				自宅外	944	458	1295	809	769	315
			私立	自宅	970	484	1347	861	806	341
				自宅外	1009	523	1425	939	862	380
短期大学	预约申请	3			836	362	1080	594	659	238
		4			890	404	1142	656	705	270
		5			923	437	1263	777	739	294
	在校申请	3	国·公立	自宅	836	362	1080	594	659	238
				自宅外	892	406	1124	638	722	282
			私立	自宅	895	409	1127	641	726	285
				自宅外	938	452	1170	684	787	328
		4	国·公立	自宅	892	406	1144	658	707	272
				自宅外	936	450	1188	702	770	316
			私立	自宅	939	453	1191	705	775	319
				自宅外	982	496	1234	748	836	362
		5	国·公立	自宅	933	447	1273	787	753	304
				自宅外	977	491	1361	875	816	348
			私立	自宅	980	494	1367	881	820	351
				自宅外	1023	537	1453	967	880	394
四年制大学	预约申请	3			836	362	1080	594	659	238
		4			890	404	1142	656	705	270
		5			923	437	1263	777	739	294
	在校申请	3	国·公立	自宅	857	377	1095	609	680	253
				自宅外	907	421	1139	653	743	297

（续表）

教育层次	申请方式	家庭人口	学校性质	住宿方式	收入（第一种贷款）		收入（第二种贷款）		收入（混合贷款）	
					工资收入	非工资收入	工资收入	非工资收入	工资收入	非工资收入
四年制大学	在校申请	3	私立	自宅	911	425	1143	657	749	301
				自宅外	954	468	1186	700	810	344
		4	国·公立	自宅	907	421	1159	673	729	287
				自宅外	951	465	1203	717	792	331
			私立	自宅	955	469	1207	721	797	335
				自宅外	998	512	1250	764	859	378
		5	国·公立	自宅	948	462	1303	817	775	319
				自宅外	992	506	1391	905	837	363
			私立	自宅	996	510	1399	913	843	367
				自宅外	1039	553	1485	999	896	410
研究生	硕士	1			374		536		284	
		2			400		400		400	
	博士	1			425		718		299	
		2			400		400		400	

注：计算个人收入时，研究生的个人收入不包括父母收入，但包括父母的赠与。由于仅仅计算个人及配偶收入，所以家庭收入标准低。优秀研究生的收入标准还可以适当放宽。

资料来源：独立行政法人日本学生支援機構. 奨学金の貸与を希望される方へ. http://www.jasso.go.jp/saiyou/index.html#gakusyu,2012—12—14.

　　在表4-2中，共计出现了348个申请国家助学贷款的家庭收入上限标准。这些上限标准分别受到家庭收入性质、家庭人口、教育层次、贷款形式、住宿方式和学校性质等各个方面的因素的综合影响。这样，就可以通过多元回归的统计手段来定量地分析这些家庭收入上限标准具体受到其中哪些方面以及多大程度的具体影响。

表 4-3 自变量与因变量的操作化指标

	名　称	取　值
因变量	家庭收入标准	连续数据
自变量	收入性质	稳定工资收入"1",否"0"
	学校性质	国公立"1",私立"0"
	教育层次	四年制入学为参照标准
		高专"1",其他"0"
		专修学校专门课程"1",其他"0"
		短期大学"1",其他"0"
	住宿方式	自宅"1",自宅外"0"
	家庭人口	连续变量
	贷款形式	第一种贷款为参照标准
		第二种贷款"1",其他"0"
		混合贷款"1",其他"0"

表 4-4 预约申请的家庭收入标准的影响因素

	标准化回归系数	t 值	显著度
收入性质	0.749	14.379	＊＊＊＊
家庭人口	0.146	2.837	＊＊＊
高等专门学校	−0.185	−3.032	＊＊＊
专修学校专门课程	−0.053	−0.861	
短期大学	0	0	
第二种贷款	0.238	4.023	＊＊＊＊
混合贷款	−0.302	−5.023	＊＊＊＊
N	60		
R^2	0.862		
F	46.238		
显著度	＊＊＊＊		

首先,构建如下模型回归方程。家庭收入标准＝C＋α收

入性质＋β家庭人口＋γ教育层次＋θ贷款形式＋ι住宿方式
＋κ学校性质。即家庭收入标准是上述各个影响因素的函
数。在公式中,C为常数,α、β、γ、θ、ι和κ分别为各个影响因
素的回归系数。其次,决定各个因素即自变量的操作性取值,
具体见表4-3。第三,把整理好的自变量与因变量的数据投
入到SPSS中进行线形回归分析。由于在预约申请方式中,
不分教育形式和住宿形式,而在校申请方式中,家庭收入标准
因住宿形式与学校性质而不同,所以,具体分析时,把预约申
请和在校申请分开来进行。回归分析的具体结果见表4-4
与表4-5。

　　表4-4所示统计分析如下。首先,模型方程的预测效果
较好。F=46.238,显著度为0.0001,可见预测方程在由自变
量预测因变量的关系上存在合理性,也就是说,表示预测的理
论模型的方程式是成立的。同时,R^2为0.862,可见预测方程
的预测力比较高。也就是说,自变量的影响可以说明86.2%
的因变量分布的方差。其次,不同因素即自变量对因变量的
影响不同。与一般回归系数相比,标准话回归系数有一个明
显的特点,那就是不同自变量的回归系数之间可以比较大小,
该回归系数的大小代表自变量影响力的大小。对家庭收入标
准这个因变量的影响程度,各自变量从大到小依次为:家庭收
入性质、混合贷款、第二种贷款、高等专门学校和家庭人口。具
体地说,当父亲具有稳定的工资收入时,其家庭收入标准要比
没有稳定收入的学生高0.709个单位。当学生使用混合贷款
时,其家庭收入标准要比仅仅使用第一种贷款的学生低0.302

个单位。当学生使用第二种贷款时,其家庭收入标准要比第一种高0.238个单位。申请进入高等专门学校读书时,其家庭收入标准要比申请四年制大学低0.185个单位。当学生家庭人口每增加1人时,家庭收入标准就要降低0.146个单位。

表4-5　在校申请的家庭收入标准的影响因素

	标准化回归系数	t值	显著度
收入性质	0.709	26.252	＊＊＊＊
家庭人口	0.176	6.649	＊＊＊＊
高等专门学校	−0.195	−5.93	＊＊＊＊
专修学校专门课程	−0.1	−3.065	＊＊＊
短期大学	−0.026	−0.788	
第二种贷款	0.215	7.338	＊＊＊＊
混合贷款	−0.282	−9.295	＊＊＊＊
学校性质	−0.094	−3.55	＊＊＊＊
居住方式	−0.072	−2.708	＊＊＊
N	288		
R2	0.805		
F	127.511		
显著度	＊＊＊＊		

同时,表4-5所示数字表明,首先,看模型方程的预测效果比较高。F＝127.511,显著度为0.0001,可见预测方程在由自变量预测因变量的关系上存在合理性,也就是说,表示预测的理论模型的方程式是成立的。同时,R^2为0.805,可见预测方程的预测力比较高。也就是说,自变量的影响可以说明80.5％的因变量分布的方差。其次,各因素即自变量对因变量的影响各异。各因变量对家庭收入标准的影响程度从大到小依次

为,家庭收入性质、混合贷款、第二种贷款、高等专门学校、专修
学校专门课程、家庭人口、学校性质和居住方式。具体地说,当
父亲具有稳定的规定收入时,其家庭收入标准要比没有稳定
收入的学生高 0.709 个单位。当学生使用混合贷款时,其家庭
收入标准要比仅仅使用第一种贷款的学生低 0.282 个单位。
当学生使用第二种贷款时,其家庭收入标准要比仅仅使用第
一种贷款高 0.215 个单位。当大学生在高等专门学校读书时,
其家庭收入标准要比四年制大学的学生低 0.195 个单位。当
大学生在专修学校专门课程读书时,其家庭收入标准要比四
年制大学学生低 0.1 个单位。当学生家庭人口每增加 1 人时,
家庭收入标准就要降低 0.146 个单位。在国立·公立高校读
书要比在私立高校读书的家庭收入标准高 0.094 个单位,大学
生在家居住要比租房居住的家庭收入标准高 0.072 个单位。

二　学习成绩标准的严格化

　　日本国家助学贷款的申请者的家庭收入低于上述家庭收
入标准并不意味着申请者一定能够获得国家助学贷款,家庭
收入标准只是获得国家助学贷款的必要条件而不是充分条
件。申请者要获得国家助学贷款还需要取得较好的学习成绩
或在某些特殊领域,如学术研究、艺术体育等方面具有突出能
力。也就是说,学习成绩是获得国家助学贷款的另一个必要
标准。只有家庭收入低于上述标准而学习成绩又高于下述标
准的申请者才有可能获得国家助学贷款,二者缺一不可。这
正符合本章图 4 - 3 所示的助学贷款发放标准的基本原理。

在第一章中,日本学者小林雅之曾经说,日本助学贷款已经达到了供求平衡的阶段。他也正是在这个意义上说的,就是所有符合标准的申请学生都获得了助学贷款资助。

表 4-6　国家助学贷款的学习成绩标准

			第一种贷款和混合贷款	第一种贷款
高等专门学校	预约申请		初中 1—2 年级平均积点为 3.5 以上	平均以上的成绩在某一方面有专长能够胜任学业学习,按期毕业
	在校申请	1 年级	初中 3 个年级平均积点为 3.5 以上	
		2 年级以上	在校成绩为所学专业的平均以上	
专修学校专门课程	预约申请		至申请时,高中阶段所有学年的平均积点为 3.5 以上	
	在校申请	1 年级	高中阶段最终两年的平均积点在 3.2 以上	
		2 年级以上	在校成绩为所学专业的上位 1/3 以上	
短期大学	预约申请		至申请时,高中阶段所有学年的平均积点为 3.5 以上	
	在校申请		高中阶段最终两年的平均积点在 3.2 以上	
			在校成绩为所学专业的上位 1/3 以上	
四年制大学	预约申请		至申请时,高中阶段所有学年的平均积点为 3.5 以上	
	在校申请		高中阶段最终两年的平均积点在 3.2 以上	
研究生			成绩特别优秀	
			具有胜任专门职业的高度专业能力	

注:四年制大学以下层次的学生申请第二种贷款只要满足三个条件之一即可,研究生必须同时满足两个条件。

进入 21 世纪的最近若干年,日本国家助学贷款的学习成绩标准一直没有变化。为此,这里以 2010 年的标准为例来说明它的基本特征。

如表 4-6 所示,不同类型的国家助学贷款对不同类型的贷款学生具有不同的学习成绩要求。整体来看,需要取得中等以上的学习成绩。从贷款种类上来看,第一种贷款和混合贷款所要求的学习成绩比第二种贷款所要求的学习成绩高。第二种贷款一般只要求本专业所有学生的上位 1/2 以内即中等的学习成绩,而第一种贷款要求学生必须达到本专业的所有学生的上位 1/3 以内的成绩。从教育层次上来看,教育层次越高,对成绩的要求也就越高。到研究生层次,学习成绩之外又增加了一个学术研究能力的标准。

学习成绩评价历来是一个学术和实践的难题。在日本的学校教育实践中,学习成绩评价具有一些明显的基本特征。第一,相对评价一直是最重要的学习成绩评价原则。这个原则虽然屡为社会尤其是研究者所批判,但在日本的教育实践中却得到了彻底贯彻。不管是百分制还是五分制,都尽可能依据正态分布原理根据学习成绩把学生分配到各个档次中。第二,现在,在中等和高等教育阶段,采取平均分数制(GPA)即积点制的学习成绩评价制度的比较普遍。积点制属于相对评价,为 5 分制,最高与最低分差范围为 0—4。

三 家庭收入标准和学习成绩标准的相互作用

在日本国家助学贷款制度的发放标准中,家庭收入标准

和学习成绩标准互相影响。这种影响体现在以下两个方面:
第一,在决定是否发放给申请者国家助学贷款时,两个标准同
时起作用,缺一不可。第二,两个标准之间还存在着互补
关系。

(一) 两个标准同时起作用

家庭收入如果高于表 4 - 2 所示的标准,学习成绩再突出
都不可能获得国家助学贷款;而学习成如果很差达不到表 4 -
6 所示的标准,那么家庭收入无论多么低都不可能获得国家
助学贷款。不同标准之间的关系具体如图 4 - 4 所示,分述
如下。

在第一种助学贷款发放中,只有 A_1 既符合第一种贷款的
符合家庭收入标准又符合学习成绩标准,所以能够获得第一
种贷款。A_4 与 D_1 虽然符合第一种贷款的家庭收入标准但是
不符合学习成绩标准,所以不能够获得第一种贷款。A_3 和 B_1
虽然符合第一种贷款的学习成绩标准但是不符合家庭收入标
准,所以也不能够获得第一种贷款。

在第二种贷款发放中,只有 A_2、A_3、A_4 既符合家庭收入
标准又符合学习成绩标准,所以能够获得第二种贷款。D_1 与
D_2 虽然符合第二种贷款的家庭收入标准但是不符合学习成
绩标准,所以不能够获得第一种贷款。B_1 和 B_2 虽然符合第二
种贷款的学习成绩标准但是不符合家庭收入标准,所以也不
能够获得第二种贷款。

明确的资助标准让国家助学贷款能够瞄准最需要资助的

政策目标人群,兼顾了政府资金使用的公平与效率。不管是第一种贷款还是第二种贷款都是如此。那么,这里就产生了两个需要解决的实际问题:第一,助学贷款为什么一定要同时考虑学习成绩? 第二,还有一部分达不到政策要求,即家庭收入高于标准但仍然需要资助的大学生怎么办?

按照一般理解,国家学生贷款只要考虑家庭收入即可,我国即是如此。为什么还要同时考虑学习成绩呢? 如上所述,这主要出于政府财政投资效率的考虑。政府财政资源总是有限的,而且,国家助学贷款制度确立之初,日本政府财力有限,要把有限资源有效地投到最需要的地方必须明确资助对象。学生的学习成绩则是最能够体现高等教育投资效率的指标。如果资助对象为学习成绩较差者,由于学习成绩较差者易于中途退学和学习效率差,资助本身的使用效率就大打折扣。总之,贫穷不是合法获取政府资助的当然理由。

由于家庭收入标准和学习成绩标准规定得很严格,所以有很多大学生被排除在有资格的国家助学贷款申请者之外。但是,他们中还存在着些实际资助需求的人群。政府应该如何处理这个问题呢? 实际上,日本政府并没有放弃对这部分人的援助,这部分人可以申请国民生活金融公库的教育贷款。贷款人为学生家长,一般不需要学习成绩标准,只要大学生的家庭收入标准达标都能够获得。而国民生活金融公库教育贷款的家庭收入上限标准要远远高于日本中产阶级的平均收入。国民生活金融公库的资金也来源于政府财政投资,利息远低于商业贷款,从广泛意义上来说这也是一种国家大学生资助的形式。本文对此不予论述。

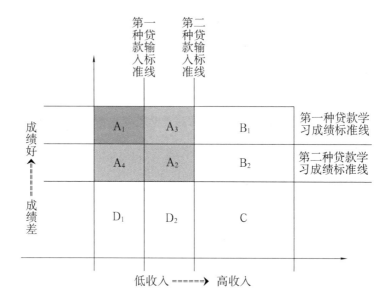

图 4-4 助学贷款发放标准之间的互动示意图

(二) 两个标准关系的数量化

大学生申请国家助学贷款的家庭收入标准与学习成绩标准之间存在着明显的互动关系。如图 4-4 所示,比较而言,第一种贷款所要求的家庭收入标准低而学习成绩高,只有 A_1 才能获得第一种贷款;第二种贷款所要求的学习成绩不是特别高,相应地对家庭收入的要求就放松了一些,因而家庭收入较高的学生也有了获得贷款的可能性。这样,A_2、A_3 与 A_4 就可以获得第二种贷款。而且,A_1 的学生群体内的个体间具有较高的均质性。

如果日本国家助学贷款的这两种贷款形式的两个标准都设计得非常合理,那么,据此就可以精确预测随两个标准之间的此消彼长。具体的统计分析可以分为以下两个步骤来进行。

选择出生于标准家庭（四口之家）、就读于四年制国立·公立大学，在自宅外居住的 2 年级大学生为例。对于这样条件的大学生，获得第一种贷款的标准分别为，家庭收入低于 907 万日元，学习成绩高于 3.5；获得第二种贷款的家庭收入标准为 1230 万日元，学习成绩为班级平均以上。把学习成绩都化成百分制的标准分数，则 5 分制下的 3.5 分为 75 分，平均成绩为 50 分。这样，两种贷款的家庭收入标准的差距为 951－1230＝－279 万日元，学习成绩的差距为 75—50＝25 分。随着家庭收入增加而引起的分值变化为：(75－50)/(951－1230)＝－0.08。即家庭收入标准增加 1 万日元学习成绩标准减少 0.08 分。

如图 4－5 所示，把第一种贷款的家庭收入与学习成绩标

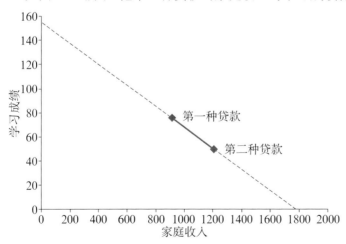

图 4－5　两个标准的互动关系的数量化示意图

准与第二种贷款的家庭收入与学习成绩标准分别表示在图中。可以就此建立二元一次方程组,构建通过二点的方程式。通过解二元一次方程组,得到二元一次方程式,学习成绩＝14900/93－25/279家庭收入。这个方程式可以预测随家庭收入标准的学习成绩标准变化而变化的精确情况,图中的虚线即为预测线。

第四节　小结:教育公平的效率条件性

国家助学贷款制度的资助标准决定着国家助学贷款制度的资金发放对象。一个国家的国家助学贷款制度能够形成完善的资助标准体系并非一日之功。在国家助学贷款制度的资助标准的历史进化过程中,经济发展水平、高等教育发展水平和国家助学贷款制度体系本身自我演变的内在逻辑都给发放标准的变化带来了巨大影响。当然,日本中央政府对国家助学贷款资助标准和有关影响因素的主观认识也在其中起着重要的作用。经过近半个世纪的风风雨雨,大致通过三个不同性质的制度发展阶段,当前日本最终形成了家庭收入标准和学习成绩标准并重的国家助学贷款制度的资金发放标准体系。理论上,虽然国家助学贷款资金发放的这两个发放标准之间应该存在着明显的不可调和的内在本质矛盾,然而,在现实中,巧妙的国家助学贷款制度实施设计,让二者最终有机地统一了起来。

　　半个多世纪以来，日本国家助学贷款制度的资金发放通
过发放标准不断的适应性调整，经过从实质统一向尖锐对立
发展和从尖锐对立向有机互动转变等几个不同性质的发展阶
段。以家庭收入标准和学习成绩标准的有机互动为核心，最
大可能地服务于实现追求教育机会公平和教育投资效率目标
的对立统一。同时，也尽可能满足了个人教育需求和国家发
展战略需要的对立统一。在现代民主国家里，中央政府不可
能、也没有任何权力忽视社会某一特殊利益群体的声音，因而
在重大决策时只能采取折中和寻求利益平衡的基本方法，尤
其在高等教育机会这样直接和每一位公民的切身利益密切相
关且决策缺乏或难以寻找到明确标准的社会生活领域里。在
不同阶段两个标准之间的关系如图 4-6 所示。

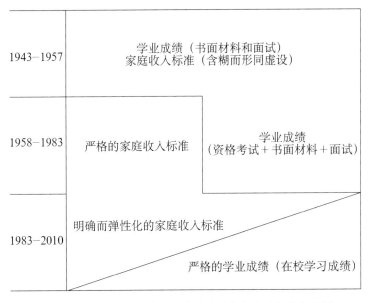

图 4-6　两种发放标准之间关系的历史变化的概念归纳图

日本国家助学贷款制度的资金发放标准体系的历史嬗变和当前特征的深入研究对今后我国国家助学贷款制度发放标准体系的完善建设具有重要的建设意义。在我国现行的国家助学贷款制度体系中,对资金发放的基本标准只有"家庭经济困难"这一项具体规定。这是自 1999 年国家助学贷款制度设立以来一直没有任何明显变化的政策规定。① 后来,为了实现国家助学贷款的精准扶贫,在 2007 年,中央政府曾经颁布政策进一步细化了大学生"家庭经济困难"的认定程序。② 但是,在这个大学生资助的中央政策中,仍然没有对"家庭经济困难"的具体内涵进行明确界定。据研究者调查表明,由于政策中缺乏明确而具有可操作性的标准依据,各具体高校在"家庭经济苦难"实际认定过程中就体现出了较大的随意性。而且,这两个政策文件一直到现在还在发挥其规范效力。其实,不仅上述这两个政策文件,就是在其他的任何与国家助学贷款相关的政策文件中也没有提到国家助学贷款发放中的学习成绩标准如何制定的具体问题。因此,我国国家助学贷款制度在相关方面的建设任重道远。

当然,仅仅把当前的日本和中国的国家助学贷款制度发放标准体系进行比较则不免较为片面而会显得缺乏说服力,

---

① 中国人民银行,教育部,财政部.关于国家助学贷款的管理规定(试行). http://www. csa. cee. edu. cn/zizhuzhengce/gaodengjiaoyu/2012—09—02/1236. html,2016—03—22.

② 教育部,财政部.关于认真做好高等学校家庭经济困难学生认定工作的指导意见(教财[2007]8 号). http://www. csa. cee. edu. cn/zizhuzhengce/gao-dengjiaoyu/2012—09—02/1248. html,2016—05—01.

因为两国的国家助学贷款制度的历史起点和发展进程不同。不过，如果进一步进行历史发展的系统比较就会发现，日本国家助学贷款制度体系在其建立之初，其制度对家庭经济困难和学习成绩标准的规定也同样是仅仅停留在原则性文字而没有多少具体的可操作性描述可言。这些特征与我国国家助学贷款制度发展初期的某些侧面何其相似！现实比较基础上的历史比较分析不仅能够指明我国相关制度变革的必要性，也在一定程度上展示出我国相关制度改革发展的一个可行性方向。

第五章　资金回收：长期与短期的悖论

资金回收是现代助学贷款制度中最受各国研究者和我国社会各界关注的侧面。而且研究者对资金回收关注的重点放在如何尽快有效率地回收上面。可是，实际上，国家助学贷款的资金回收还必须考虑制度存在的根本目标和不同时期的国家人力资本投资的其他战略目标。而这两个目标往往要求助学贷款资金回收必须从长远角度来设计。这就形成了国家助学贷款制度回收体系中的一对天然矛盾：长期回收需要与短期回收需要之间的矛盾。

本章的主要内容如下：日本国家助学贷款还款长期化的基本原则及其具体体现，按收入比例还款制度的确立与发展，还款激励措施的多样化和体系化的发展，根据国家战略目标需要不断完善的助学贷款还款豁免制度。

第一节 助学贷款回收的基本矛盾和解决策略

一 基本矛盾

虽然大多数的相关研究者很少注意到这一点,实际上,在国家助学贷款制度的回收体系中,天然地存在着一对基本矛盾:长期回收需要与短期回收需要之间的矛盾。当然,也有一些敏锐的研究者在其研究成果中指出了这一点,虽然他们并没有做进一步的详细分析。比如,我国大学生资助研究专家沈红教授早在 2004 年就注意到我国助学贷款制度中存在着政策性和金融性之间的矛盾。[①] 再如,美国大学生资助研究专家布鲁斯·约翰斯通认为,从学生贷款目标来看,有些助学贷款主要是为了将钱发到学生手中,很少考虑还款问题。有些助学贷款则把还款放在了第一位。[②] 这个对助学贷款的二分法实际上就反映研究者已经认识到了助学贷款制度中存在着长期回收和短期回收之间的基本矛盾。

首先,从金融学的角度来看,所有形式的贷款都有快速回收的本质要求。作为贷款的一种形式,为了操作运营的顺利

[①] 沈红. 国家助学贷款:政策与实践中的既成矛盾. 北京大学教育评论,2004(1):8—9.

[②] 布鲁斯·约翰斯通高等教育财政:国际视野中的成本分担. 华中科技大学出版社,2014:4.

完成,国家助学贷款回收自然也是周期越短越好。另外,从管理学的角度来看,国家助学贷款制度追求短期回收也是公共事业管理的基本要求。

　　但是,政府建立国家助学贷款制度的基本目的是资助贫困大学生顺利完成大学学业。并且,国家助学贷款制度存在和运营的基本理念是让借款者能够依靠所接受的高等教育来脱贫致富,然后,从自己的劳动收入中拿出一部分来归还所欠的国家贷款。然而,高等教育的经济回报是长期的和逐渐实现的,甚至都不是一个世代能够完成的事情。因此,国家助学贷款借款的归还过程本质上也必然是长期的过程。①

　　长期回收要求和短期回收要求的对立本质上是国家助学贷款制度的目标与操作方法之间的矛盾。由于二者的矛盾内置于制度体系之内,所以,基本上无法采取二者取其一的思路。政策实际上能够做的就是尽量减轻二者之间的无效摩擦。因此,有效的回收政策和制度体系就要求做到归还周期上的长期需要与短期需要的基本平衡。

---

　　① 这里还涉及以下几个偏哲学思辨的抽象问题。第一,对拖欠还款动机的认识。如果假定还款拖欠者都是出于搭政策便车的内在动机,有钱不还,那么就会坚持短期还款。然而,目前,无论是调查研究还是经济学的实验研究的结果都不支持这样的观点;第二,对还款拖欠影响国家助学贷款制度顺利运营程度的认识。如果认为回收状况决定制度存在,那么就会坚持短期还款。日本助学贷款制度在最初设计时显然没有基于这样的出发点。这更符合经济学的基本原理;第三,对国家财富在政府和人民中保存状态的认识。拖欠还款者不管因何种原因拖欠还款,这笔财富仍然存在于该国社会之中。用一句中文俗语来表示,那就是"肉烂在锅里"。自古以来,中华文明就有"藏富于民"的远见卓识。从长远来看,只要债权分明,而且债权保护的法规足够健全,还款拖欠现象实际上不存在。

二　解决策略

为了解决或者更为准确地说为了应对国家助学贷款制度回收中的上述基本矛盾，现代世界上不同的国家采取了不同的解决原则。经过半个多世纪的不断完善，当前日本制度体系也形成了自己的解决原则。日本制度所采取的基本原则主要包括以下四个侧面。

首先，由于长期归还是国家助学贷款目标所决定的，所以，制度设计坚持长期归还的基本原则；其次，制度的回收设计上采取多种措施，争取短期归还人数与规模的最大化；第三，尽可能让归还时期和数额基本与贷款者的收入变化相适应；第四，根据国家发展战略，充分考虑个人高等教育就学的社会受益，不同程度地免除贷款者个人的还款义务。总之，日本的基本特色是，决不舍本逐末，为了尽快回收的方法要求而损害制度的根本目标。

在国家助学贷款回收中彻底坚持长期归还的基本原则，其政策核心是，不仅仅是在形式上要把归还周期搞得长一些，本质上还要做到法定的归还金额与借款大学生的个人收入水平完全相适应。这个核心要求可以表述为以下十六个字：有钱就还，没钱不还，钱多多还，钱少少还。最典型的具体措施就是很多研究者所提倡的按收入比例还款制度。目前，世界上很多国家都在尝试实行某种形式的按收入比例还款制度。

当然，在坚持长期归还的基本原则的同时，还要尽可能地采取多种有效的促进措施，积极促进借款学生能够尽快还款。

否则,国家助学贷款制度的贷款本金就会因欠款越来越多而越来越少,最终导致贷款制度本身实际陷于瘫痪状态。如何保证制度的实际运营效率不因目标的崇高而被损害也是现代很多公益事业不得不面对的政策难题。

第二节　不成对立的对立

一　重长轻短的历史发展趋势

在日本国家助学贷款制度 60 多年的发展历史中,长期还款的基本原则一致占据主导地位,中央政府甚至从未在意过贷款学生的还款拖欠问题。[①]　直到 1991 年后,在中央政府注重"效率行政"改革的外部大环境的影响下,国家助学贷款管理机构才开始不断采取各种相关措施,强化国家助学贷款的按时回收工作。然而,强化回收也并不与助学贷款长期化的基本原则相冲突,仅仅是强化了根据法律政策的规定期限来进行回收贷款工作而已。因此,与资金筹措和资金发放等两个侧面明显不同,国家助学贷款资金回收制度在过去的半个多世纪里只经历过两个不同性质的基本发展阶段。

1943—1990 为第一阶段。在这一阶段里,日本中央政府似乎只管大量发放贷款,而不理会如何有效地回收贷款。乍

① 实际上,长期以来,日本国家助学贷款的还款拖欠率也比较低。这也是值得进一步研究的重大课题之一。

一看这种政府行为是难以想象的,但是,正如国际著名的大学生资助专家布鲁斯·约翰斯通所言,在当今世界上,有些国家的助学贷款制度确实属于根本不强调贷款回收措施的国家助学贷款制度类型。①

1991—2010 年为第二阶段。在这一阶段里,国家助学贷款回收制度所处的外部社会经济政治环境发生了巨大变化。这一发展阶段又可以划分为两个短期回收强化程度有所不同而基本性质又前后紧密连贯的具体阶段。在 1991—2000 年间,随着日本经济发展陷于停顿和速度放缓以及行政效率改革的呼声越来越高,国家助学贷款制度开始逐步强化贷款回收工作。但是,这些工作都是按照已有的法律政策规定来进行的;在 2001—2010 年间,中央政府及国家助学贷款管理机构陆续颁布了许多新的强化国家助学贷款短期回收的政策措施。这表示中央政府对助学贷款回收工作的重视程度在不断增强。

其实,自 2011 年以后,日本国家助学贷款回收制度的发展趋势又发生了根本性的转折。各种关于推迟还款和还款减免的新政陆续出台。这表明日本国家助学贷款回收制度进入又一个崭新的发展时期。这一方面既是对前一阶段过度追求效率政治的适度"反动",另一方面也是经济发展进入长期衰退期,国民实际收入普遍下降的客观要求。

---

① 布鲁斯·约翰斯通.高等教育财政:国际视野中的成本分担.华中科技大学出版社,2014:4.

二　还款长期化的基本原则

日本国家助学贷款有第一种贷款和第二种贷款之分，另外还有综合使用两种贷款的混合贷款。顾名思义，混合贷款就是第一种贷款和第二种贷款的综合。如果获得第一种贷款的大学生觉得仍然无法负担学费，就可以继续申请第二种助学贷款。三种不同形式的贷款还款的法定周期类似，不同的仅仅是还款利息。其基本特征是还款周期比较长。这是从1945 年助学贷款制度建立之初就存在的制度特征，至今也没有发生过根本性变化。① 所以，以下就通过对 2010 年制度规定的还款周期的详细分析来一窥制度全貌。

还款从贷款结束后的第 7 个月开始，最短为 6 年，最长还款周期为 20 年，具体如表 5 - 1 所示。还款周期长短实际上根据借款总额来决定。所借金额越大，还款周期就越长。具体操作程序是，第一，把还款总金额分类归档；第二，根据社会的平均收入和还款可能性，每一档规定应还年额；第三，该档的最高金额与年额的商就是还款周期。这样的还款周期的制度规定不至于使高额贷款者的经济负担过重，因而有利于贷款者还款的顺利进行。整体上，每年还款金额一般在还款总额的二十分之一至十分之一之间。

回收制度还规定了一年内的具体还款方式。为了照顾不同借款者的个人收入方式的差异，还款者可以选择一年单位、

---

① 　1943 年的制度中规定还款最长期限为 25 年，1945 年缩短为 20 年。

半年单位、月单位或其他一年以内的任何时间单位的分期还款方式。但是,若采取银行转账进行还款,则只能采用按月还款或按月和半年还款相结合两种方式。而且,如遇有特殊的非一般人力可防御的突发情况,比如,突生大病或遭遇自然灾害,还款者可以随时向机构申请还款展期,即延迟还款。

如果是第二种贷款或混合贷款,第二种贷款对还款周起的规定与第一种贷款类似,但是由于是有息贷款,也有不同的地方。最突出的不同点是,每年还款金额采取等额方式。而且,金额中既包括本金也包括利息,还款初期的金额中,本金比例大利息比例少,还款后期的金额中,本金比例小利息比例大。有利于促进贷款者尽快归还贷款。

表5-1   日本国家助学贷款还款周期

贷款总额(日元)	年还款额(日元)	最长归还周期(年)
200000 以下	30000	6
200000 以上 400000 以下	40000	10
400000 以上 500000 以下	50000	10
500000 以上 600000 以下	60000	10
600000 以上 700000 以下	70000	10
700000 以上 900000 以下	80000	11
900000 以上 1100000 以下	90000	12
1100000 以上 1300000 以下	100000	13
1300000 以上 1500000 以下	110000	13
1500000 以上 1700000 以下	120000	14
1700000 以上 1900000 以下	130000	14
1900000 以上 2100000 以下	140000	15

（续表）

贷款总额（日元）	年还款额（日元）	最长归还周期（年）
2100000 以上 2300000 以下	150000	15
2300000 以上 2500001 以下	160000	15
2500000 以上 3400000 以下	170000	20
3400000 以上	总额的 1/20	20

资料来源：Jasso.《业务方法书》.2014 年.

第三节　按收入比例还款制度的
确立与发展①

　　由于依据的具体标准不同，我国不同学者对当前世界上存在的多样化按收入比例还款制度的分类体系不同。② 然而，在对其本质特征的理论认识上，不同学者之间并无重大分歧。简而言之，按收入比例还款(income-based repayment)即是国家助学贷款的借款者毕业后还款时，按照个人的劳动收入的一定比例来归还所借的助学贷款。③ 按收入比例还款理论是近期世界各国助学贷款制度建设和完善的主要指导思想之一。④ 只不过不同国

---

　　① 本节参考了《国家助学贷款按收入比例还款：日本的特点及启示》（徐国兴，刘牧.待发表）的主要内容。

　　② 刘丽芳，沈红."按收入比例还款"的国际争议.教育与经济，2006(2)：36—39.

　　③ Bruce Chapman. Government Managing Risk：Income Contingent Loans for Social and Economic Progress. New York：Routledge，2006：1—6.

　　④ 刘丽芳，沈红."按收入比例还款"的国际争议.教育与经济，2006(2)：36—39.

家的国家助学贷款制度实行按收入比例的程度不同而已。

一个国家如何贯彻按收入比例还款原则与该国助学贷款制度的基本性质密切相关。一方面,原来不存在国家助学贷款制度,而实行免费加奖助学金制度的一些发达资本主义国家,如澳大利亚、新西兰、英国和加拿大,及一些发展中国家,如亚洲的泰国和非洲的埃塞俄比亚等,都纷纷建立了收入约束型贷款(income contingent loan)制度。这是彻底的按收入比例还款的助学贷款制度;另一方面,原来主要实行抵押型助学贷款(mortgage loan)制度的国家,也积极寻找在现有制度体系内有机融入按收入比例还款思想的具体措施。① 比如,美国就采取了以下两类措施来强化按收入比例还款的回收原则。一类措施是建立收入约束型助学贷款制度。② 另一类措施是改革原有的抵押型助学贷款回收的具体措施,使它的回收制度更好地反映贷款者个人劳动收入水平的变化(income-driven repayment)。与美国相比,传统上同为抵押型助学贷款的日本的改革则显得更为彻底,具体措施如下所述。

日本是目前世界上为数不多的政府仅仅通过助学贷款进行大学生资助的国家之一。③ 而且如前所述,日本的国家

① 何建中,万敏. 按收入比例还款型助学贷款探微. 华东理工大学学报(社会科学版),2005:67—70.

② Mark Huelsman and Alisa F. Cunningham. Making Sense of the System:Financial Aid Reform for the 21st Century Student. www. ihep. org WEB, 2014—12—26.

③ M. 伍德哈尔. 学生贷款. T. 胡森主编. 教育大百科全书·教育经济学卷. 西南师范大学出版社,2011. 315—320.

助学贷款制度起始于 1943 年,历史悠久,甚至较美国为早。同时,性质上与美国类似,属于抵押型助学贷款。在抵押型助学贷款制度中,最容易发生的问题是还款拖欠率高和回收困难。比如,美国的还款拖欠率最高时曾经一度达到 20%以上。[①] 有学者认为,还款拖欠率超过 20%时,还不如使用奖助学金更有效。[②] 然而,日本的助学贷款还款拖欠率从未达到如此严重程度。[③] 虽然这是各方面因素共同作用的结果,但与它的助学贷款还款相关的具体规定均考虑了还款者收入之间不无关系。比如,如前所述,在国家助学贷款制度建立之初,日本所设定的法定还款年限就比较长,最长的期限竟达 20 年。也就是说,它很早就考虑到了贷款者收入与还款率之间的正相关。同时,最近十年来,顺应世界潮流,日本国家助学贷款制度的还款延期和豁免分别于 2012 年和 2015 年[④]进行了两次较大规模的改革,终于在原有抵押型国家助学贷款体系中,实现了彻底贯彻按收入比例还款的指导思想。

---

① 肖俊杰,美国联邦助学贷款回收保障机制研究. 华东师范大学,2011.
② D. 布鲁斯·约翰斯通,沈红,李红桃. 按收入比例还款型学生贷款在发展中国家和转型国家的适用性.北京大学教育评论,2004(1):21—28.
③ 徐国兴,在公平与效率之间. 上海教育出版社,2009:115—128.
④ 2010 年后,日本国家助学贷款制度的回收侧面的规定进行了几次重大改革。虽然在本课题研究设计中最初的时间终点为 2010 年,但是在具体研究中,还是对 2010 年后的有关内容做了适当延伸。

一　应届毕业生还款延期

(一) 毕业离校初期的还款延期

毕业离校初期还款延期(grace period)指,应届大学毕业生自毕业之日起,6个月内免于还款。这是考虑以下因素而设定的措施:第一,刚毕业的大学生即使找到工作,也未必能够立即参加工作或获得收入。第二,即使能够获得收入,收入一般也相对较少。第三,另一方面,这时候需要购置很多工作需要的物品,如正式的工作装等,集中花费的款项反而较多。

其实,我国和美国的国家助学贷款制度中都有类似规定。所不同的是,在同类延期期间,美国的有些助学贷款需要贷款者支付利息,而我国和日本的国家助学贷款中,这个延期均免付利息。还有,这个政策在我国并非制度实施初期就有,而是试行改革后增加的一项规定。

当然,延期期间免付利息并不意味着延期期间利息不发生,而实质仅仅意味着利息支付的改变。这又分为两种具体情况。第一,利息支付主体改变。即在延期期间发生的助学贷款的利息由政府负担。日本的第一种助学贷款(这个贷款本来就是政府的无息贷款)属于这一类,我国的所有助学贷款均属于这种情况;第二,利息可以延期支付,但仍由贷款者本人支付。日本的第二种助学贷款就属于这一类。美国的大部分贷款也属于这一类。

（二）低收入应届毕业生还款延期

低收入应届毕业生还款延期是指，应届大学毕业生在毕业后（含中途退学）一年内，如果没有找到工作，或者找到了工作，但是工资收入低于一定标准，可以申请还款延期。各种延期累加后，还款延期合计可多至 10 年。10 年的上限是 2014 年新修改的规定，在此之前，各种延期累加的上限为 5 年。这个延期需要贷款学生提出申请，即需要提交书面材料，这是它与上述的毕业离校初期还款延期的不同之处。延期申请的提出需要每年一次。当然，符合条件者，下一年还可以再申请。延期期间，不产生利息。

申请时，提出以下证明材料之一即可。毕业学校的相关部门或教师出具的正在找工作的证明。政府劳动部门的相关单位如职业介绍所开具的曾经积极寻找工作，但是最终没有找到的证明。这需要提供一些具体材料，包括各次寻找工作的具体记录，比如，什么时间被介绍什么工作以及没有被用人单位雇用的具体原因。低收入者则要提供政府税收部门提供的个人劳动收入证明。其他的能够证明个人经济状况的合法材料也可以，比如，低收入者的工资收入的银行账户的复印件等。① 在整体制度框架里，本节的低收入应届毕业生还款延期属于下述第四条分析的一般还款延期中的一种具体形式。

---

① JASSO. 返還期限猶予（一般猶予）. http：//www. jasso. go. jp/henkan/yuuyo/ ippan. html，2015—01—26.

但是，由于处于大学毕业初期这个特殊时期，所要求的条件就与其他形式有所不同。比如，在这里，毕业学校出具的证明也合法。

二　较长和多样化的还款周期

对于大多数毕业生来说，他们的劳动收入则具有如下基本特征。毕业后能够在较短时间内找到工作。其后，虽然也有可能在一个工作单位内转岗或在几个单位之间跳槽，但是，一生则呈现工作不间断的趋势，直到 60 岁左右退休。其间，生涯工资的数量呈现为连续不断的曲线。学者称之为生涯工资曲线。生涯工资曲线的基本特征是，在开始阶段，缓慢上升，30—40 岁的年龄段快速上升，45—50 岁左右升至最高点，而后下降。这客观上就要求助学贷款还款周期必须与收入获得的长期性和数额的变化相一致。

但是，大学毕业生劳动收入的生涯曲线的具体形状则呈现出明显的国别差异。比如，与美国比较而言，日本大学毕业生的生涯工资高点的出现时期就明显迟于美国。这就相应地要求日本的国家助学贷款更须坚持长期回收的原则，即必须更重视按收入比例还款的政策。

对于日本来说，在设计出按收入比例还款制度时，不仅要考虑上述原则，还要考虑本国的一些特殊性。比如，大学毕业生劳动收入的生涯连续性会被外部因素、尤其是骤发自然灾害所打断。与美国相比，日本地震、火山和台风以及随之而来的海啸频发，这经常导致部分居民遭受财产和收入的巨大损失。因此,就需要设计更多的按收入比例还款的具体规定。

在日本的国家助学贷款制度中,法定的还款周期一直比较长。其中,最长的还款年限长至毕业后20年之久。研究者调查表明,这是世界上还款年限最长的助学贷款制度。[①] 但是,具体到每一个借款者,还款周期的长短则是灵活多样的。具体还款年限根据借款总额来决定。随着借款总额的减少,还款的最长年限相应减少。共有十六种还款周期的分类。[②]当然,助学贷款管理机构同时提倡贷款学生提前还款,并为此采取了许多促进措施。

三 还款金额减半制度

因为各种原因,大学毕业生在一生中的某个时期,个人劳动收入有可能突然锐减,陷入人生收入的低谷期。为此,日本规定了助学贷款还款金额减半制度。即符合条件的借款者每次还款时,可以仅仅归还应还金额的一半。当然,这不意味着整个还款总额的减少,而只是推迟了还款时间。它实际上与还款延期的本质相同,只不过延期归还的不是总额,而是半额。根据规定,这个制度的利用者需要每年申请一次。如果下一年还想利用,则需要再次申请。合计减额的最长时间可达10年。而且,在减半期间,原来应还的贷款金额的利息不增加。

① 徐国兴.在公平与效率之间.上海教育出版社,2009:115—128.
② JASSO.奖学规程.http://www.jasso.go.jp/jigyoukeikaku/documents/kitei_16_16.pdf,2015—02—12.

在提出申请时，要求提供各种能够说明自己状况的证明。伤病者要提供医院证明和医药费证明。受灾害者要提供家庭所在地的地方政府颁发的遭受灾害证明。经济困难要提供税务部门出具的收入证明。如果是经济困难原因的减半申请，应届毕业生则不需要提供收入证明。

与此同时，还款减半制度还把一些能够促进还款的措施结合了进去。比如，具有申请资格的必须是，采取按月还款和银行自动转账的借款者。日本助学贷款制度规定，可以按月、按季度、按半年或按年为单位来归还贷款，每一还款时间单位归还一次。相比于按其他方式来说，按月归还更有利于及时回收。同时，自动转账显然比人工还款更具回收优越性。而且，对于有拖延记录的人来说，必须全部归还应还贷款以及过了惩罚期之后，才能申请。①

四　一般还款延期

在大学毕业生一生的不同时期，可能会因为不同原因而短期失去劳动收入。除去上述应届毕业生的低收入之外，还有自然灾害、国内外从事低收入研究工作、生育休假、伤病、成为政府的生活保护对象、准备入学考试、继续深造、海外留学、参加国际志愿者活动、失业和经济困难等因素导致的收入降低。② 当然，

---

①　JASSO. 减额返还制度. http://www.jasso.go.jp/henkan/gengakuhenkan.html,2014—10—23.

②　JASSO. 返还期限猶予（一般猶予）. http://www.jasso.go.jp/henkan/yuuyo/ippan.html,2015—02—25.

这些原因仅仅是为了制度的操作方便而进行的分类,理论上存在重叠之处,其本质都是贷款者处于收入低或无收入的状态。考虑到这些多样化的客观原因,日本就设立了国家助学贷款一般还款延期制度。

符合条件者,可以申请一般还款延期。与各种延期累加后,可利用的一般还款延期的最长年限也是 10 年。在延期期间,贷款余额不发生利息。其制度的发展历程与上述“低收入应届毕业生还款延期”相同。申请条件等规定也与低收入应届大学毕业生还款延期基本相同,只是收入水平低的程度更严重一些。为此不再赘述。

五 还款与收入完全联动制度

在上述的有关规定中,都明确指出,还款延期或减额的最长期限都为 10 年。换句话说,当 10 年的最长延期期限过去之后,借款者不管经济状况是否有明显改善,能否负担起还款金额,都必须重新开始还款,履行未尽的还款义务。因此,本节上述的各种还款延期措施都还不是完全意义上的按收入比例还款制度。

然而,一部分借款者的经济状况可能永远都不会改善。比如,突然而严重的伤残、疾病或永远失业带来的收入急剧降低会持续很长时间。由于现代日本经济长期低迷和高等教育普及化而整体规模过度庞大,大学毕业生失业或无收入的现象更容易出现。如果没有合理的制度设计,更有可能出现如下的恶性循环。即低收入家庭子女主要依靠助学贷款才完成学业,而且大多进入教育质量极低和市场前景渺茫的高校和专业读书,毕业后很难找到收入较好的工作,因而长期陷于低收入状态。这样,高等教育机会带来的不是生活改善而是恶化。

在借款人未有较高劳动收入和经济负担能力来归还贷款,即助学贷款制度的助贫致富目的未能达成的情况下,强迫借款人还款显然不符合该制度建立的理论基础和初衷。因此,就需要在经济困难借款者的经济条件明显改善之前,永远都不需要还款的还款延期制度。经过长期酝酿,2012年,日本导入了助学贷款还款与收入联动制度。该制度规定,只要借款者的个人劳动收入低于一定水平,借款者就可以无限期地不履行还款义务。其要求的借款人的经济条件及其他方面的规定与上述第4点的要求基本相同。①

不过,除此之外,日本的助学贷款还款与收入联动制度另有三点规定耐人寻味。第一,限定贷款品种,仅仅针对第一种助学贷款;第二,限定贷款对象,仅仅针对本科生;第三,限定贷款属性,仅仅针对贷款金额中的一般贷款额度。

其实,这三点规定意在提高助学贷款作为政府财政投资的使用效率。首先,日本助学贷款有第一种和第二种之分,两者差别巨大。主要差别之一是,前者要求借款者不仅家庭贫困而且必须学业优秀。学业优秀者一般有着较强的综合能力

---

① JASSO. 所得連動返還型無利子奨学金制度. http://www.jasso.go.jp/saiyou/syotokurendo.html,2015—02—18.

和工作欲望，除非遇到不可抗的外部因素，毕业后无业或低收入的可能性极小。相应地，他们使用这个制度的可能性也很小。即使因为外界不可抗拒原因使用了这个制度，一旦条件改善，他们也能够继续履行还款义务；其次，不包括研究生可以避免增强某些人无明确学习目的而仅仅为了免于助学贷款还款而继续读书的动机，造成研究生教育需求过度膨胀的负面效果；再次，从资金属性来看，日本的第一种贷款包括一般额度和临时额度两部分。临时额度的目的是让新生负担不菲的高校入学注册费和购买其他必需品。因此，理论上，临时额度属于大学生的生活费的部分。经济学界一般认为，大学生的生活费不属于人力资本投资。① 这样，建立在人力资本基础上的日本助学贷款还款与收入联动制度自然就不会为第一种贷款中的临时额度买单。

六　还款制度改革的影响要因

最近十多年，在按收入比例还款理论的指导下，日本对国家助学贷款制度进行了深入改革。巨大改革的背后既体现了国际上助学贷款制度发展的共同趋势，也反映了日本制度自身发展的独特需求。前者体现在以下两个方面，后者则体现在以下一个方面，分述如下。

首先，作为半个多世纪以来国际助学贷款制度发展的经验和教训的结晶，人们认识到，与各种回收促进措施相比，按

---

① 顾明远.教育大辞典(增订合订本).上海教育出版社,1997:1808.

收入比例还款才是国家助学贷款制度顺利运营的根本保障。这已经成为当前世界各国进行国家助学贷款制度改革的基本原则之一。完善的按收入比例还款制度能够彻底消除还款拖欠现象,有利于促进贷款回收,从而保证助学贷款制度的顺利运营和健康发展。这是因为,按收入比例还款制度的还款金额和时限的设定充分考虑到了还款者的经济负担能力的水平及其变化。长期以来,还款拖欠现象一直是影响世界各国的助学贷款制度存在和发展的重要问题。日本当然也不例外,虽然它的拖欠比例远较美国为低。在此之前的很长一段时期内,各国都采取了各种各样的措施,但均不能有效地根除还款拖欠。而且,长期跟踪调查的结果表明,大学毕业生收入低是造成日本助学贷款还款拖欠的最重要因素。另外,澳大利亚等国的大学生资助制度改革也为日本的改革提供了有益的参考框架。[①] 因此,根据毕业生收入来确定还款金额的制度设计就变得非常必要,而且最终顺利地付诸实施。

其次,从国家助学贷款制度的根本目的即其外部或者说社会功能上来看,长期回收原则是该制度根本目的的客观要求。按收入比例还款则与长期回收的基本原则相一致。有一些发达国家的个别助学贷款项目例外,如美国的联邦家庭教育贷款(FFEL),其基本目的是保证中产阶层不因子女上大学而降低生活水准,而不是帮助贫困阶层通过接受高等教育而脱贫致

---

① 布鲁斯·约翰斯通高等教育财政:国际视野中的成本分担. 华中科技大学出版社,2014:140—153.

富。除此之外，世界上大多数国家的中央政府的主要助学贷款项目，都是以人力资本理论为基础的济贫政策。因此，贫困家庭出身的大学毕业生的劳动收入——严格地说，应为收入中高于高中毕业生的增额部分——实质上就是高等教育的经济回报。相应地，助学贷款还款就是政府以助学贷款方式投资于高等教育而获得的对应经济回报之一。另一个政府获得的经济回报应该是这部分大学毕业生劳动者的税收——严格地说，应该是税收增额。自然，国家助学贷款的还款只能根据毕业生劳动收入的多少而变化，即实行按收入比例还款制度。

第三，彻底贯彻按收入比例还款是围绕助学贷款制度发展的政治压力长期作用的合力的结果。半个多世纪以前，在导入国家助学贷款制度之初，日本社会民众只是强烈呼吁政府增加大学生资助，对于采取何种资助方式为好并没有足够的关注。在国会通过相关法案之后，日本中央政府的财政主管部门在研究了各种方式的优缺点后，考虑到政府财政窘迫的严峻现实，最终选用了国家助学贷款。① 第二次世界大战后，随着国际上福利国家主义的兴起，采取奖助学金进行大学生资助的国家越来越多。日本国内呼吁废除贷款，而采取奖助学金的呼声也不绝于耳。② 然而，进入 21 世纪后，日本经济长期萎靡不振，这带来了政府财政收入的降低，相应地导致了高等教育财政困难，最终引起学费升高；另一方面，经济不景气同时也导致国民收

---

① JASSO.日本育英会史.日本印刷株式会社,2004.23—60.
② 小林雅之.教育機会均等への挑戦.東信堂,2012;3—12.

入大幅度降低。学费升高和负担能力降低导致对政府资助的要求变得更加强烈。① 而能够同时满足诸要求的方式就只有在原制度中导入按收入比例助学贷款了。

第四节　回收保障措施的发展②

一　回收制度的合理化趋势

（一）短期回收的目标合理化

国家助学贷款制度顺利运行所要求的短期回收原则主要包括以下两个方面的基本含义：第一，根据法律和相关政策的具体规定，按预先预定的时间并足量（一般签订有助学贷款合同）回收贷款欠款。因此，助学贷款的短期回收原则并不完全意味着在短时间内回收。这是最容易为人所误解的地方；第二，在贷款学生有能力提前还款的情况下，运营方积极采取各种激励措施，鼓励并引导贷款学生争取提前回收贷款。这点才是真正意义上的短期回收原则。

坚持短期回收原则的根本目标是实现国家助学贷款的资

---

① 小林雅之. 教育机会均等への挑战. 东信堂，2012：47—104.

② 本节在拙著《日本国家大学生贷款回收保障体系研究》（《教育与经济》，2007(4)）《在效率与公平之间——大学生资助体系中政府定位的中日比较》（上海教育出版社，2009）的第七章第三节的基本理论框架基础上，参考若干最新数据撰写而成。

金流动的效率化。因此,短期回收的核心是有效率地回收已经到期的国家助学贷款。保持助学贷款回收的效率性的首要措施在于尽量减少助学贷款还款拖欠行为,降低助学贷款还款拖欠率。

(二) 政策对象界定的科学化

接受贷款者的还款拖欠是任何类型贷款中都有可能产生的行为之一。在法律概念中,这是享受权利后却不履行相应的义务的违规表现之一。因此,本无必要来单独分析国家助学贷款的还款拖欠行为。但是,与其他类型的贷款相比,国家助学贷款的还款拖欠数额之大和人数之多已经明显影响到该制度体系本身的稳定存在与顺利发展。这使它成为相关政策要解决的主要问题之一。但是,还款拖欠有程度轻重之分,而且这个程度具有一定的连续性。政策从哪里切断这个连续性,把其上程度的还款拖欠行为定义为法律意义上的还款拖欠行为并不是件容易的事情。不同国家在不同时代对还款拖欠的操作性定义并不相同。

从这个意义上来说,还款拖欠在很大程度上是一个政策概念。在 2010 年,日本国家助学贷款对国家助学贷款还款拖欠的定义方式如下。首先,规定统计时间。在财政年度次年,以每财政年度的(4 月 1 日至次年 3 月 31 日)为还款拖欠的统计年度;其次,定义应还金额。应还金额包括当年应还金额和累积欠款金额两部分。当年应还金额是根据贷款合同中预先约定的分期还款方式,在统计年度应该归还的金额。累积欠款金额是统计年度之前积累的应还未还的欠款;第三,定义还款拖欠。在统计时间点的此前三个月内出现过的还款拖欠,即为统计点的还款拖欠。因此,统计时间必须上溯至上一年的 11 月 1 日。就某一个具体借款学生来说,三个月内出现过的还款拖欠的具体程度可能多种多样。比如,有些人可能只有一次(相应地,拖欠金额就少些),有些人可能多次(相应地,拖欠金额就多些),有些人可能连续三个月分文未还。因此,官方统计中的还款拖欠又具体分为两类:还款拖欠和连续三个月还款拖欠。很明显,只有连续还款拖欠才是政策真正需要解决的宏观问题。

日本中央政府和社会使用还款拖欠率来判断还款拖欠的程度大小。实际上,还款拖欠率有很多个。以应还金额计算,就有当年应还总额的还款拖欠率、当年到期总额的还款拖欠率以及历年积累欠款总额的还款拖欠率。以应还人数计算,就有当年应还人数的还款拖欠率、当年到期人数的拖欠率以及历年积累拖欠总人数的还款拖欠率。以还款拖欠程度来看,就有还款拖欠率和连续三月还款拖欠率。① 这样一来,总计共有 12 种还款拖欠率。如表 5-2 所示。不同拖欠率具有不同的内在含义,相应地就可以作为不同政策指向的基本指标来使用。如果一个国家助学贷款体系中有很多种助学贷款形式,还可以分别计算不同助学贷款形式的这 12 种还款拖欠率。当然,12 种助学贷款还款拖欠率的计算数据不都能够得到,所以,本文只计算了其中的几种还款拖欠率。日本中央政府和社会一般只关注当年应还总额的还款拖欠率。这样的关注角度实际就会过

---

① 2004 年以前是连续六个月。

度高估日本国家助学贷款的还款拖欠程度。

仔细考察表5-2,会得出很多非常有启发意义的结论。第一,从2004年至2010年,当年应还总额的拖欠率都在20%之上。从这个指标乍看起来,日本助学贷款还款拖欠的比例非常大,因而属于缺乏运营效率的助学贷款类型。但是,由于当年应还金额中包括了历年积累的拖欠金额,其实就高估了还款拖欠的恶化程度。如果把当年应还总额拖欠率与当年到期金额的拖欠率比较就会发现,当年到期金额拖欠率则长期保持在5%多一点的水平。由于每年的历年积累金额拖欠率维持在近似的较高水平,如果把历年积累金额排除在外,就可以看出这是一个相当高效的国家助学贷款制度;第二,从应还人数拖欠率和三月连续拖欠率来看,日本国家助学贷款制的拖欠情况都不甚高;第三,比较有趣的一点是,第一种助学贷款的还款拖欠率一直明显高于第二种助学贷款的还款拖欠率。对此,可以从以下两个角度来解释。

表5-2　日本国家助学贷款的还款拖欠率:2004—2010

		到期应还A	拖欠B	拖欠率(%)=B/A	连续二月拖欠率(%)	第一种拖欠率(%)	第二种拖欠率(%)
2004	当年应还总额(亿日元)	2297	507	22.10	—	24.90	15.00
	当年到期总额(亿日元)	—	—	—	—	—	—
	历年积累拖欠总额(亿日元)	—	—	—	—	—	—
	当年应还总人数(人)	—	—	—	—	—	—
	当年到期总人数(人)	—	—	—	—	—	—
	历年积累拖欠总人数(人)	—	—	—	—	—	—

（续表）

		到期应还 A	拖欠 B	拖欠率（%）=B/A	连续二月拖欠率（%）	第一种拖欠率（%）	第二种拖欠率（%）
2005	当年应还总额（亿日元）	2575	562	21.80	7.40	25.30	14.70
	当年到期总额（亿日元）	2088	146	7.00	—	—	—
	历年积累拖欠总额（亿日元）	487	416	85.40			
	当年应还总人数（人）	—	—	—			
	当年到期总人数（人）	—	—	—			
	历年积累拖欠总人数（人）	—	—	—			
2006	当年应还总额（亿日元）	2855	614	21.50	7.30	25.50	14.50
	当年到期总额（亿日元）	2322	155	6.70	—	—	—
	历年积累拖欠总额（亿日元）	533	459	83.40			
	当年应还总人数（人）	—	—	—			
	当年到期总人数（人）	—	—	—			
	历年积累拖欠总人数（人）	—	—	—			
2007	当年应还总额（亿日元）	3174	660	20.80	7.00	25.10	14.30
	当年到期总额（亿日元）	2596	164	6.30	—	—	—
	历年积累拖欠总额（亿日元）	578	496	85.80			
	当年应还总人数（人）	—	—	—			
	当年到期总人数（人）	—	—	—			
	历年积累拖欠总人数（人）	—	—	—			
2008	当年应还总额（亿日元）	3558	723	20.30	6.60	24.80	14.40
	当年到期总额（亿日元）	2918	174	6.00	—	—	—
	历年积累拖欠总额（亿日元）	640	539	85.80			
	当年应还总人数（人）	—	—	—			
	当年到期总人数（人）	2423	310	12.79	—	14.33	11.08
	历年积累拖欠总人数（人）	—	—	—			

（续表）

		到期应还 A	拖欠 B	拖欠率（%）=B/A	连续二月拖欠率（%）	第一种拖欠率（%）	第二种拖欠率（%）
2009	当年应还总额（亿日元）	3983	797	20.00	6.50	24.60	14.80
	当年到期总额（亿日元）	3282	193	5.90	—	—	—
	历年积累拖欠总额（亿日元）	702	605	86.10	—	—	—
	当年应还总人数（人）	—	—	—	—	—	—
	当年到期总人数（人）	2627	336	12.79	—	14.21	11.40
	历年积累拖欠总人数（人）	—	—	—	—	—	—
2010	当年应还总额（亿日元）	4384	852	19.40	6.00	24.20	14.60
	当年到期总额（亿日元）	3611	192	5.30	—	—	—
	历年积累拖欠总额（亿日元）	772	659	85.40	—	—	—
	当年应还总人数（人）	—	—	—	—	—	—
	当年到期总人数（人）	2820	341	12.09	—	13.54	10.83
	历年积累拖欠总人数（人）	—	—	—	—	—	—

第一种是从人力资本角度而来的理论解释。较高的拖欠率意味着就业状况较差。获得第一种助学贷款的大学生都是出身家庭较为贫困的学生群体,大部分人在正常劳动收入之外基本不会有其他财源。仅仅升入大学这一行为未必能够立即让他们脱贫致富,进入什么样的大学以及进入大学后学习的专业及学业成绩都会影响到他们的就业状况。这其实从另外一个角度要求必须对贫困大学生进行更为周到、深入和持续的关注才能够让他们彻底摆脱贫困。与此相比,第二种助

学贷款的对象群体则是家庭较为富裕一些的学生群体,因此,他们就比较容易归还贷款;第二种是从行为经济学角度而来的理论解释。由于第二种助学贷款需要支付利息,这意味着越还款拖欠所需支付的经济代价就越大,所以,贷款学生就会尽可能尽早还款。从整体来看两种助学贷款还款拖欠率的差异,也许这两种解释都有其合理性,即两种情况都存在。但是,单独对于获得第一种助学贷款的学生来说,第一种解释更为合理。[①]

(三) 保障措施的多样化

在还款者有足够归还能力的前提下,从还款拖欠者本人的主观意图来看,还款拖欠有过失性拖欠和故意性拖欠两类之分。或者称之为善意拖欠和恶意拖欠。过失性拖欠是因为各种主客观原因的影响,拖欠者没有能够及时归还贷款。但是,只要政策允许,他们会立即补还。故意性拖欠即是有钱也不愿归还的那种类型。其实,这种类型的贷款学生相对比较少。

不同类型的拖欠问题的解决需要不同的保障措施。多样化的保障措施可以大致分为针对性措施和保障制度完善措施两类。其中针对性措施又具体可以分为预防性措施、鼓励性措施、惩罚性措施三小类。以下分别对这四类保障措施进行详述。

---

① 人力资本理论对教育的个人收入提高功能的基本认识,在方向上并没有错误。但是,其程度大小却有待于进一步实证研究和深入探讨。

二　预防性措施

（一）严防过度贷款

毫无疑问，一部分贷款大学生的助学贷款还款拖欠是因为当初借款过度。所以，为了防止学生贷款过度，从 2010 年起，对获得国家助学贷款制度的学生实行大学生收支登记制度。

大学生收支登记工作的手续在网上进行，收支登记的准确性由高等学校有关部门负责审查。众所周知，收支登记的准确性尤其是收入登记的准确性核实是世界上最难的工作之一。这与一般劳动收入的申报相类似，由于收入申报关系到个人的税收高低，所以，每一个人都有隐瞒收入的强烈的内在动机。不过，由于学校助学贷款管理部门兼管学生校内外勤工助学机会的介绍工作，所以，对学生的收入情报把握相对较为准确。而且，日本有着严格的税务制度，所有人的正规劳动收入的记录基本上都可以从政府的税务部门查到。①

（二）完善学业跟踪监管和辅导制度

还款拖欠始于无劳动收入，无劳动收入始于失业或就业条件恶劣。如果个人还有劳动意愿，那么失业或半失业相当程度上与个人知识技能的熟练程度有很大关系。缺乏熟练的

---

① 一部分饮食等服务性行业的临时工除外。

劳动知识技能与大学期间学习努力不够有非常密切的关系。日本著名高等教育专家曾称现代日本的大学为"游乐场"。①有鉴于此,从 2000 年开始,日本国家助学贷款管理机构建立"贷款继续申请和资格审查制度"。审查对象是获得第一种助学贷款和第二种助学贷款(增加部分)的大学生。规定要求,除去毕业学年之外,其他各学年的上述助学贷款的获得者在新学年始必须通过学校提交贷款继续申请书,由校方对学生的助学贷款资格进行审查。根据审查结果,对没有完全达标的学生分别给予"取消、暂停、警告和激励"等不同的处理。

从贷款学生受惩罚的原因来看,日本国家助学贷款制度对学生在校学习状况的管理越来越严格。从 2004 至 2010 年间,虽然接受资格审查的学生总数在降低,但是受到不同程度惩罚的学生比例却从 4.5% 上升到 7.55%。而且,其中最多的原因是因为学习成绩没有达到学校规定的基本要求。更有趣的是,随着国家助学贷款制度不断强化学业成绩要求,贷款学生中受到学校行政处分的学生数量也明显减少。这说明,制度强化还有明显的教育效果。

其中的惩罚措施之一"激励"更是日本国家助学贷款制度的独创教育形式。它的意思是受审查学生虽然学业成绩勉强达到了学校要求,但是学业成绩相对较差,并存在着今后进一步下滑的潜在危险,因此提醒该学生注意,今后需要增加学习强度。同时,这也是对学校和教师的提醒。要求他们增加对

---

① 金子元久.大学教育力.筑摩书房 2008:1—10.

该生的学习和生活指导。

表 5-3 学业跟踪和辅导制度:2004—2010

		审核总数	处理方式							合计
			取消			暂停		警告	激励	
			未提出申请	学习成绩不合格	受到学校处分	学习成绩不合格	受到学校处分	学习成绩不合格	学习成绩不合格	
2004 年	实数	901335	1545	1937	400	7642	795	8232	20047	40598
	%	100.00	0.17	0.21	0.04	0.85	0.09	0.91	2.22	4.50
2010 年	实数	885899	6264	3199	302	11207	284	11799	33820	66875
	%	100.00	0.71	0.36	0.03	1.27	0.03	1.33	3.82	7.55
2010—2004 年	实数	−15436	4719	1262	−98	3565	−511	3567	13773	26277
	%	0.00	0.54	0.15	−0.01	0.42	0.06	0.42	1.59	3.04

资料来源:JASSO 年报 2004—2010。

(三) 完善信息和行为导航制度

迄今为止,各国的相关调查表明,有一部分还款拖欠者是因为不知道助学贷款还款的一些相关信息才导致拖欠还款的。而且,国家助学贷款还款的手续和程序也存在一定程度的复杂性,有些刚开始进入还款期的学生对此并不熟悉。因此,就需要对借款学生就还款的规定和程序进行及时的、详细的、引导性的信息和行为帮助。尤其是进入 21 世纪后。

日本国家助学贷款制度在这方面设计了非常完善的措施。对于刚获得贷款的大学生,他们发放纸质的非常详细的国家助学贷款指南,对于毕业生,他们发放纸质的非常详细的国家助学贷款还款指南,对于进入还款期的毕业生,他们会发放纸质的有关还款的各种通知和信息。尽管现在电子信息技术和网络非常发达,他们还是及时坚持发放纸质资料的做法。当然,这不是因循守旧的体现。他们还充分利用网络技术和移动通讯开发网络版和手机版的各种信息平台,尽可能让每一位贷款学生及时知晓各种有关还款的信息。另外,他们还利用现代视频技术,开发了有关还款手续和程序的动画视频放在各种信息平台上,供用户使用。

三 激励性措施

对于第一种助学贷款的获得者来说,如果提前归还贷款并在合同规定之日前返还所有贷款总额,那么,在应完全归还之日到实际完全归还之日之间的应还金额的一部分将作为奖励金返还给贷款还款者。不过,这个提前还款奖励制度仅仅针对在 2004 年之前开始获得日本国家助学贷款的大学生。因为,自 2005 年起,这个奖励制度被废除了。

对于第二种贷款来说,贷款者需要归还相应的借款利息。因此,贷款利息的改变就成为还款激励的外在动机。每一个学生在贷款结束时都需要签订还款合同。还款合同明确规定了还款利率、还款时间、还款次数和每次还款金额。按照规定每一次的还款金额中都包括本金和利息。为了激励贷款者尽快还款,如果提前还款则提前部分只需还本金而不用还利息。

四 惩罚性措施

日本国家助学贷款制度对还款拖欠的惩罚采取非常周全

的先礼后兵的措施,先是通过各种手段强化催促,在各种催促手段实在无效时,才采取法律措施。

(一) 强化催还贷款的措施

有不少拖欠贷款不还者不是因没有经济能力不能归还贷款,也不是不想还贷款,而是没有时间或者忘记了还款期限。为此,日本学生支援机构采取了各种措施以减少这种原因产生的拖欠现象。日本学生支援机构采取的强化催还贷款的措施主要如下。

1. 及时送发通知书请求和督促贷款者还款

对快要到期的贷款者发送请求还款的通知书,提醒贷款者按时还款。对拖欠者发送督促还款通知书,对其中拖欠时间较短的人采取了晚间打电话督促的形式。对电话督促后仍然不还贷款者,采取了登门拜访督促的形式。

2. 家庭住址调查

为了催促还款,掌握贷款者现在的家庭住址是必要条件。但是因各种原因在家庭搬迁之后没有向学生支援机构的贷款负责部门报告新家庭住址的贷款者非常多。这样,请求和催促还款的通知书就不能发送。为此机构一方面加强搬迁之后新家庭住址报告的措施,防止家庭住址不明现象的发生;另一方面对现在家庭住址不明的贷款者,通过贷款时的连带保证人·保证人和当地政府机关的户籍登记部门,调查和确认现在的住址。

（二）采取强制措施追回贷款

也确实有一部分贷款者虽然有经济能力还款但是却故意拖欠贷款不还，对此日本学生支援机构采取了强制措施追回贷款，所采取的措施主要有经济惩罚和付诸法律手段两种措施。

1. 对于长期拖欠贷款者采取经济惩罚

第一种贷款者中，拖欠超过 6 个月不还者，若为 2005 年之前的贷款者，每年加还应还额的 5％，2005 年之后的贷款者，每年加还应还额的 10％；第二种贷款中，拖欠贷款超过 6 个月不还者，每年加还应还额的 10％。一年按 365 天来计算拖欠加罚额。对于长期拖欠贷款不还者，其将来的还款一旦发生将首先充作催欠款所花费的费用，然后依次是拖欠款、贷款的利息和贷款本金。根据贷款开始年份，这些经济惩罚措施会有所变化。

2. 通过法律手段催还贷款

对于学生支援机构认为有还款能力而上述各种催欠措施不能奏效的贷款者，日本学生支援机构将采取法律手段。法律手段分两步走：首先请求法庭发送督促还款文书，其次对于拒不还款者由司法部门采取强制还款措施。

五　不断完善担保制度

担保制度是贷款顺利回收，促进贷款制度循环进行的核心保障之一。一般的商业贷款都必须有担保才能进行。理论上,只要存在担保制度都不用担心借款者拖欠还款。实践上,为了保障能够真正迅速回收贷款,担保制度也在发生一些变化,经历了从单一的人员担保制度到人员担保与机构担保制度共存。

（一）坚持人员担保制度

长期以来,日本国家助学贷款一直坚持个人担保制度。个人担保制度需要连带保证人和保证人,连带保证人只能由父母、祖父母、外祖父母、兄弟姐妹(年满18岁之上)来做,而保证人只能由连带保证之外的上述亲属或堂(表)兄弟姐妹来担当。若本人不能还债,连带保证人和保证人要负担还款之责。

（二）导入机构担保制度

个人担保制度有三个主要缺点:其一,贷款者本来家庭就比较贫穷,所以作为被担保人血亲的担保人也未必有经济能力帮助还款;其二,由于贷款者经济上不富裕,为其作担保风险很大,所以存在着个人不愿意作担保的可能性;其三,个人担保人家庭住址易于变化而难以保持联系。为此,从2004年起引进了机构担保制度。虽然引进了机构担保制度,并不采取一刀切,而是由贷款者自愿选择。

承担担保责任的机构是日本国际教育支援协会。2004年采取机构担保的贷款者共有29194件。2010年增至201658件。2010年开始获得国家助学贷款的学生中,有

45.6％选择机构担保制度来进行担保。机构担保制度的基本内容如下:在开始国家助学贷款时,希望采取机构担保的贷款学生向日本学生支援机构提交机构担保申请书和担保保证金支付申请书。日本学生支援机构在发放贷款时就从贷款额中扣除担保保证金,比例为贷款月额的 1.7％,然后把担保金支付给日本国际教育支援协会。担保的内容有贷款本金、利息和因拖欠而产生的违约金等。学生支付贷款保证金的期限为贷款期限,贷款结束即无需再支付保证金。贷款学生拖欠贷款还款发生时,就由担保机构日本国际教育支援协会向日本学生支援机构支付相应的本金、利息和违约金。但是这并不意味着拖欠的贷款就此一笔勾销,作为债权人,日本国际教育支援协会拥有向拖欠贷款毕业生追回拖欠款项的权利。采取个人担保的贷款学生如果因担保人死亡或生病等原因中途想改变成为机构担保,需要追溯到贷款开始起支付全额的担保保证金。采取机构担保的贷款学生不得在贷款中途改变成为个人担保。① 从以上的分析可以看出,日本国家助学贷款的机关担保制度的核心是贷款学生自己担保,也是把贷款风险分散的一种保险制度。这种制度和我国相比同中有异,虽然同是贷款学生自己担保,但是日本需要贷款者个人支付一定的保证金,而我国则完全是个人信用担保。比较而言我国的做法显然大大增加了发放国家助学贷款银行的风险。其实,

---

① 日本学生支援机构网页.有关奖学金的读者提问:机构担保制度. http://www.jasso.go.jp/kikanhoshou/faq_kikanhoshou.html,2007—12—09.

从个人贷款中支付一定比例的保证金来担保的做法在金融界很普遍,美国的有些大学生贷款项目也采取这种方法。①

第五节 还款豁免制度的发展

如前所述,在任何一个国家的助学贷款体系中,都存在长期回收和短期回收的本质矛盾。二者矛盾体现了资助体系本身存在目标和体系运行目标之间的不一致关系。从保障体系顺利运行的实践操作角度来看,自然是要尽快回收,而且回收越快越好。然而,从保障最大限度地实现国家助学贷款体系的本身存在目标来看,则需要实行长期回收,而且越晚回收越好。这是因为,国家助学贷款体系最根本的自身存在目标是资助贫困学生完成学业,提升受资助学生个人的社会经济回报。但是,通过高等教育获得的经济社会回报具有长期性,高等教育个人回报的长期性本质上要求国家助学贷款回收具有相应的长期性。

整体上,日本国家助学贷款要求的归还期限比较长,自制度体系建立之初起,它的最高还款年限就可以长至参加工作后的 20 年。② 助学贷款若彻底实行长期回收原则,其极致其实就是贷款还款豁免。而且,一个完整的大学生资助体系还必须具备对优秀人才的奖励和激励功能,属于精英教育的研

---

① 李红桃. 美国国家担保学生贷款的经验及启示. 高教探索,2002(3): 62—65.

② JASSO. 奖学规程. http://www. jasso. go. jp,2015—5—22.

究生阶段更应如此。助学贷款与奖学金·助学金相比，最大缺陷就在于它的实际资助力度较小。① 即它的奖励和激励功能相对较弱。日本只有国家助学贷款，就必须开发出具有较强奖励和激励功能的资助形式。为了弥补国家助学贷款的这个缺陷，包括美国在内的欧美发达国家多采取助学贷款之外另设立奖学金和助学金的方式。与欧美相比，日本则采取了助学贷款还款豁免作为研究生助学贷款体系的弥补策略。虽然日本与欧美政策差异的背后具有极为复杂的多种因素的综合影响，不可简单评定优劣，但是，从理论角度来看，这样微调式的制度体系变迁方式具有更高的可行性和效率性。②

日本国家助学贷款还款豁免制度随着整体制度不断发展而变化，目前，主要有三种形式。第一种豁免针对贷款者的意外或突发事件。贷款者也有出现意外的时候，比如死亡或者是精神和肉体某一方面的伤残。一旦出现这种情况，可以申请还款豁免。这类豁免制度的存在让国家助学贷款制度充分照顾到每一个人的特殊情况，减少了日本学生支援制度中因客观原因而产生的无法处理的坏账死账。第二种豁免用于奖励积极还款的贷款者，免去其部分还款义务。尤其是特别增额贷款的还款豁免。特别增额贷款针对新生，这类贷款对学习成绩没有要求，因此作为对价就比一般贷款的利息要高。

---

① 张民选.关于奖学金、助学金和贷学金政策的比较研究.教育研究,1994(9):44—48.

② 道格拉斯·C.诺斯.制度、制度变迁和经济绩效.格致出版社,2010:110—146.

特别贷款者如果还完了和一般贷款相当的金额，剩余的部分可以申请豁免。① 这类豁免是典型的以促进贷款者还款为直接目的的豁免制度。第三种豁免根据国家战略需要而实施。这类豁免制度经历过几个阶段的发展变化，体现了国家助学贷款制度必须符合实际情况和社会变化以及体现国家发展需要的内在本质属性。在国家助学贷款制度的发展历史上，日本曾经存在着高校毕业生从教还款豁免制度。但是，目前，日本国家助学贷款还款豁免仅仅针对研究生，而且对硕士生和博士生实施不同的措施。与此相比，对本科生则没有任何还款豁免的具体规定。与欧美及中国相比，日本研究生国家助学贷款还款豁免政策具有相当大的独特性。本节以下具体分析的就是第三类还款豁免制度。

一　毕业生从教豁免②

毕业生从教豁免针对国家助学贷款第一种无息贷款的毕业生，毕业后如果从事教育或研究工作，满足国家规定条件后可以申请还款特别豁免。该制度确立于1953年，此时日本国家大学生贷款制度确立已经整整十年。还款特别豁免措施从产生到现在几经改革，见证了第二次世界大战后日本教育事

---

① 日本学生支援機構. 平成16年度 JASSO 年報. 2006：9—10.（该制度现在已经废除）。

② 本小节参考了拙著《为教育储备英才：日本大学生贷款还款特别豁免》（《教师教育研究》，2007(3)）和《在效率与公平之间——大学生资助体系中政府定位的中日比较》（上海教育出版社，2009）第八章"日本育英会奖学金的资助效果"。

业发展的全过程。

豁免制度中的有关政策具体规定了什么样的职业才是教育和研究职业以及获得特别豁免的工作年限等。政策所规定的教育和研究职业随学历不同而有所同。对于大学毕业生(含 4 年制本科和 2 年制短期大学来说,具体有:①幼儿园、小学、初中和高中的校长、首席教师(相当于我国的副校长或教务主任)、教师、保健员或讲师;②大学和高等专门学校的校长、教授、副教授、讲师和助教;③少年教养院中教授和中小学相当的课程;④精神薄弱儿童教育机构中的儿童指导员或保姆;⑤航海训练所的所长、教授、副教授、讲师或助教。对于高等专门学校的毕业生来说,只有高等专门学校的校长、教授、副教授、讲师和助教。对于研究生学历(日本的硕士研究生学习年限为 2 年,所以原来规定至少需要在学 2 年以上,由于后来规定硕士可以提前一年毕业,所以实际条件是具有硕士学位)的人来说,和大学毕业生相比,少了④和⑤两种职业,但多了"在文部大臣指定的考试单位、研究所和其他文教单位从事教育或研究工作"的职业。政府对在大学和研究机关工作人员的工作时间和工资有明确法律规定,只有达到规定后才能被认为是正式教育和研究工作。

这个豁免制度还考虑到了还款特别豁免展期。如果毕业生不从事教育工作,那么在毕业或退学半年后就应开始返还贷款。然而在日本这样自由择业的国家,即使有从事教育和研究职业的意愿,但毕业后却未必能够立即找到教育和研究工作,为此政府又规定了还款特别豁免的展期制度。一般的展期最长为 2 年,但需要每年申请一次。研究生毕业或研究生退学者,如果符合有关规定,主要是成为国内外研究机构非正规编制的研究人员,最长展期为 5 年。还款豁免展期结束后仍然不能进入国家规定的教育和研究领域就必须开始归还贷款。

毕业生从教豁免有全额豁免和部分豁免之分。从事教育和研究职业之后,也需要工作一段时间才能获得还款特别豁免。现行政策规定:连续工作时间满 5 年和总计工作时间满 15 以上年者可以申请国家贷款返还全额豁免。但是短期大学的毕业生如果到幼儿园工作,总计工作时间为 10 年。现行政策从 1987 年 4 月入学人员开始实施,现有政策实行之前,连续工作时间只要 2 年,总计工作时间也比较短,就业于义务教育的为贷款期间的 2 倍,就业于其他教育部门的为贷款期间的 3 倍。不过也有人在从事一段时间的教育或研究工作后(5 年以上),因各种主客观原因出现了换工作的想法。他们虽然能够申请特别豁免但是又达不到全额豁免的标准,对他们的特别豁免按实际工作月数来计算,若全部豁免需工作 15 年即 180 个月,则部分豁免金额就等于贷款金额×实际工作月数/180。

还款特别豁免制度对二战后半个世纪以来日本大中小学教师队伍建设起到极大的促进作用。上世纪 70 年代前半期,还款结束人员中 20％以上是享受还款特别豁免的人员,即使到 21 世纪初期也在 10％以上。到 2003 年,总共有 56 万人获得了还款特别豁免,也就是说这个制度为日本教育事业吸引和培养了大批人才。经过 1998 年和 2004 年的两次改革，虽然毕业生从教特别豁免政策废除了，但由于本科最长修业年限为 8 年，硕士和博士加起来最长修业年限为 7—9 年，而且还有还款特别豁免展期制度，所以现在能够享受这两项政策的在校大学生和研究生不在少数。若干年后，他们将陆续进入劳动市场。

二　优秀硕士生还款豁免①

这个政策始自 2004 年，脱胎于原有的硕士生从教还款豁免的制度规定。它的具体规定如下，硕士生毕业时，获得第一种助学贷款的硕士研究生如果硕士阶段学业成绩优秀，经本人申请，助学贷款管理机构审核批准，可以获得全额或半额还款豁免。这一改革的背后既有教育哲学理念上的变化，也有现实政策的多重需要。日本政府此项改革的最主要目的是希望通过这个措施的实施，提高硕士研究生埋头学业和勇于创新及创业的积极性，促进高级创新性人才的大量出现，从而带动知识经济发展，走出长期经济疲软的低谷。10 多年来，获得全额豁免的约占总数的 0.5%，获得半额豁免的约占总数的 1% 左右。

三　优秀博士生候选人还款豁免资格

这个政策始自 2015 年。它的具体规定如下，在博士生入

---

① 第五节的"二"和"三"参考了《研究生国家资助体系完善策略探索：日本的经验与启示》(徐国兴.待发表)的部分内容。

学考试中取得优异成绩的考生,经本人申请,管理机构审批后,获得国家助学贷款还款豁免资格。除此之外,该制度规定的申请者获得还款豁免资格的另一个条件是,入学后获得第一种国家助学贷款。根据日本政府的计划,能够享受这项待遇的博士生人数将是获得第一种助学贷款博士生总数的 20%。

这是一项特色鲜明的国家对博士生进行经济资助的创新形式。与日本优秀硕士毕业生还款豁免相比,有诸多不同之处。主要差异有两点。第一,资助时点不同。该规定的资助决定在博士生学习过程发生之前,资助选择的标准是博士课程的学习基础,资助的目的是促进更多的优秀硕士毕业生进入博士阶段学习。第二,该时点决定的是豁免资格而不是实际豁免。资助获得者要想把这个资格变成现实,还需要在进入博士课程之后,付出相当多的辛苦和努力。这是因为,在日本,考上博士和获得博士学位是完全不同的两个概念。这样就能够把经济资助对研究生学习过程的激励作用发挥到最大程度。

第六节 小结:不回收的回收保障

在任何国家的国家助学贷款制度的回收体系中,都自然地存在着长期回收需要与短期回收需要之间的基本矛盾。为了解决或者说为了应对这对矛盾带来的制度建设压力,世界上不同国家尝试了不同的解决原则和方法。日本经过半个多世纪的不断完善,当前也形成了自己独特的解决方法体系。日本制度所采取的基本原则包括以下四个主要侧面:首先,由于长期归还是国家助学贷款目标所决定的,所以,制度设计坚持长期归还的基本原则;其次,制度设计上采取多种措施,争取短期归还人数与规模的最大化;第三,尽可能让归还时期和数额基本与贷款者的收入变化相适应;第四,根据国家发展战略,充分考虑个人高等教育就学的社会收益,不同程度地免除贷款者个人的助学贷款还款义务。总之,日本国家助学贷款还款回收制度的基本特色是,决不舍本逐末,为了尽快回收的方法要求而损害制度的根本目标。因此,可以说,日本国家助学贷款制度是通过坚持不回收原则来保障贷款的有效回收的。

如图5-1所示,在日本国家助学贷款制度60多年的发展历史中,坚持长期回收一直是相关中央政策的主导原则。与此相比,对国家助学贷款短期回收的政策强调仅仅出现在20世纪和21世纪之交的一段时间里。实际执行前后不过是10年左右的光景。虽然这背后也有外部社会经济大环境的些许影响,但主要是当时的中央政府进行的行政改革,追求公共事业经营效率的基本政策影响所致。所以,当中央政府换届之后,对短期回收的强化就又褪色了。

与日本的制度相比,在我国的国家大学生贷款制度中,除去加强学生诚信档案建立,为将来采取行政或法律处罚作准备之外,并没有过多考虑如何有效地回收,尤其是如何处理长期回收和短期回收之间的关系。我国制度设计所依据的理论假设本身就有问题，那就是大学生贷款拖欠的主要原因是贷款者有钱不还。实际上现实社会非常复杂，故意拖欠贷款不还者固然存在，但因经济负担能力或其他原因无法还债者也并不在少数，接受高等教育并不会立即让所有的贫困孩子在短短几年内脱贫致富。不少贷款措施背后缺乏明确的理念和系统的理论支撑是我国大学生贷款制度尚未成熟的表现之一。因此，需要认真考虑在国家助学贷款回收中，把握长期回收和短期回收的平衡，尽可能贯彻按收入比例还款的思想。

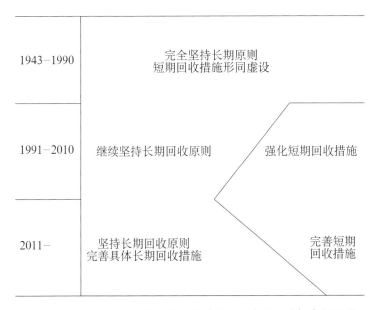

图 5-1　长期回收和短期回收之间关系的历史变化的概念归纳图

第六章 结论与镜鉴

作为课题研究成果的结语部分,本章的基本内容包含以下内容。首先,概述用于分析的理论框架,其次,逐次总结日本国家助学贷款制度的资金筹措、资金发放、资金回收及整个制度体系的发展简史和现状特征,并在此基础上,探索镜鉴的可能性。①

----

① 这里仅仅以国际比较为基础,通过对日本国家助学贷款制度特征的系统归纳,并置于国际比较的大背景之中,从理论上讨论日本国家助学贷款制度的研究成果可能具有的借鉴意义。因此,不意味着它的经验必然具有能被实际借鉴的操作性价值。不过,教育的国际比较的政策价值一直被严重低估。道格拉斯·C·诺斯在《理解经济变迁过程》一书中提出了"非各态经历世界"的概念。其基本内涵是某时空条件下的一个人类社会不可能经历所有的社会形式,因此,它所面对的是具有高度不确定的未来世界。这样一来,该社会在决策时就会因信息和经验不全而面临决策失误的高度可能性。诺斯认为,路径依存性是解决不确定性的重要方式。路径依存性的存在揭示了文化传统的重要性。但是,比较也是丰富对"非经历各态世界"的信息把握和模拟体验而获得经验的重要方法。随着信息化和全球化的迅猛发展,来自外部的比较信息将会越来越重要。

第一节 理论框架的概括性回顾

在对日本国家助学贷款制度的发展简史及其当前体系的基本特征进行概括总结时,首先必须回到本研究开始之前设定的用于本课题展开分析的基本理论框架。在第一章里,从现代制度经济学和制度社会学等学科长期对制度演变的学术分析研究的基本观点[①]出发,在总结近十多年来国内外对国家助学贷款制度相关研究的理论成果的基础上,设定了如下的理论分析框架。概括起来说,该理论框架主要包括以下四个具体部分。

第一,从国家助学贷款制度体系的实际运行的技术角度来看,任何现代国家的国家助学贷款制度都由顺次连接的资金筹措、资金发放和资金回收三个主要部分组成。整体制度的顺利运营要求资金流在三个环节之间循环往复并保持顺畅。其中,任何一个环节的发展变化都会不同程度地引起其他环节上的相应的发展变化。

第二,从辩证历史唯物主义的原理出发来看,国家助学贷款制度体系的三个环节内部各由一对对立统一的主要矛盾构成。在资金筹措环节,制度主要是解决国家助学贷款所需本

① Edwin Amenta and Kelly M. Ramsey. Institutional Theory. In K. T. Leicht and J. C. Jenkins(eds.), Handbook of Politics: State and Society in Global Perspective, Handbooks of Sociology and Social Research. Springer Science, 2010: 15—39.

金从哪儿来的问题,这涉及政府资金和市场资金两种资金来源形式之间的此消彼长。在资金发放环节,制度主要解决助学贷款发放给什么样的学生这个问题,这涉及效率标准和公平标准两种发放标准之间的合理协调。在资金回收环节,制度主要处理回收资金的有效再利用问题,这涉及短期回收和长期回收两种回收方式之间的有效兼顾。

第三,日本国家助学贷款制度体系受到诸多外部因素的巨大而综合的影响。正是这些外在因素的基本特征及其之间互动的变化机制最终形塑了日本国家助学贷款制度的历史演变轨迹和该体系的当前结构特征;另一方面,这些影响因素在制度发展的不同历史时期所起的影响作用的大小不同,而且对国家助学贷款制度的不同侧面的影响程度也有所不同。

第四,日本国家助学贷款制度体系的历史嬗变是各种机制互动的结果。其中,既有各个环节内部的对立统一的两个侧面之间的互动影响,也有三个环节之间的互动影响,更有国家助学贷款制度体系与外部环境之间的互动影响。而且,这些交织在一起的各种互动机制还会随着制度历史的推移而悄悄发生不同程度的性质变化。

本章以下各节,就从上述理论框架中的四个基本观点出发,分别总结前几章(第三—五章)对日本国家助学贷款制度的资金筹措(第三章)、资金发放(第四章)、资金回收(第五章)等进行深入分析研究后得出的较为体系化的基本结论。并在对三部分具体分析的基础上,尽量整合出关于日本国家助学贷款制度体系较为完整的整体图像。

最后,以对制度体系的基本特征的客观和系统把握为基础,透过该制度体系的特征与经济社会因素的密切关联的网络缝隙,考察该制度特征相关的教育哲学上的理念意义及其与日本文化之间的可能的内在联系。同时,从中日国家助学贷款制度的异同性和中日文化的异同性两个角度来比较考察日本制度特征对我国制度发展路径选择的可能的镜鉴意义。

第二节　资金筹措:简史、特征及借鉴

一　资金筹措的制度简史

当前,日本国家助学贷款制度的本金资金主要由政府资金和市场资金两部分构成。① 乍一看,这样的本金结构与其他西方发达国家比如美国相比来说并没有什么两样。但是,若仔细分析,就会发现,美日二者之间的差别其实很明显。日本国家助学贷款本金中的政府资金包括政府财政借款,市场资金则包括政府财政贷款和机构债权收入。而在美国联邦助学贷款制度中,只有市场资金这一本金来源的性质比较接近。即使如此,日本政府对市场资金的控制程度相较于美国来说,也要严格得多。在日本,市场上的投资者仅仅是食利者而已。

这样的本金筹措机制的基本特征可以用政府资金和市场

---

① 现在,在政府和运营机构的积极努力下,日本国家助学贷款制度的本金资金中,也存在着少量的社会捐赠。但其比例之低,几乎可以忽略不计。

资金的共生性共存来概括。① 当然,当前这样的形态特征也不是自日本国家助学贷款制度建立之初就有的,而是在制度长期的发展过程中受到多种因素的中和影响逐渐变迁形成的客观结果。若从 1945 年第二次世界大战结束后算起,政府财政借款始于 1945 年,出现最早。政府财政贷款始于 1884 年,机构发放债券收入则始于 2001 年,出现最晚。而且,在制度发展不同的历史时期里,不同资金来源在国家助学贷款制度本金资金总体中所占比例也稍有不同。可见,从本金来源的起源看,制度源于国家和政府的观点创新的影响之处甚多。

二　资金筹措的当前特征

那么,如何精确地量化日本国家助学贷款制度体系中政府资金和市场资金的共存特征呢? 这里,可以以每年新增本金中的二者的比例来简单表示。

在 2010 年财政年度,在日本国家助学贷款本金的新增资金中,政府资金占全体的 7.37%,市场资金占全体的 92.63%。很显然,这是典型的以市场资金为主、政府资金为辅的国家助学贷款制度资金筹措机制。但是,所谓的市场资金为主又有其鲜明的特殊性。简而言之,那就是,在市场资金中,政府财政

----

① 这里的"共生性共存"为借用生物学的基本术语。在包括教育在内的公共事业(比如本文的国家助学贷款事业)中,政府资金(其实代表着政府的实际控制力)和市场资金(其实代表着市场的实际控制力)之间的关系多种多样,并且直接影响着公共事业的最终成败。二者之间的关系大约可以分为三类:共生性共存(以日本为代表)、寄生性共存(以中国为代表)和斗争性共存(以美国为代表)。

贷款所占的比例非常大。具体说来,在市场资金中,政府财政贷款占比为 81.90％,债券收入占比为 19.10％。因此,可以进一步具体说,日本国家助学贷款制度的本金筹措是政府严格控制下的市场资金为辅、政府资金为主的资金筹措机制。

总之,日本国家助学贷款制度体系的资金筹措具有以下三个基本特征:第一,形成了以市场资金为主、政府资金为辅的基本的资金筹措机制。这样的筹资机制有利于大规模筹措资金,满足不断扩大的大学生资助需求。第二,市场资金的筹措则以政府内部的政府投资性资金的自我调节为主。① 来自政府内部的市场资金具有非市场的特殊性。这样的市场资金使用机制能够较好地规避从金融市场上筹措纯粹市场资金的巨大风险。而且能够保证资金供给的长期稳定性,符合国家助学贷款制度对资金稳定性的高度要求。第三,长期以来,日本中央政府在市场导向的资金筹措机制建设中,充分发挥了积极主动性和主导作用。②

---

① 我国主要由国家开发银行负责的生源地助学贷款的资金来源与此相类似。

② 有影响的制度学者一般怀疑政府政策在教育制度建设中的积极功能和政策意图的如期实现程度。比如,伯恩德·斐岑伯格就认为,当前,德国有效的职业技术培训制度竟然来自与政府的主观目的本来相反的政策(参见克里斯廷·达斯特曼等.教育与培训经济学.格致出版社,2011:301—341)。笔者于德国教育制度所知甚少,对此不敢置喙。不过,有两点如下个人观点。第一,在第二次世界大战后,也许情况会有所不同。近 50 年间,有目共睹,世界各国中央政府对教育等公共事务的影响力无与伦比。第二,东方世界与西方世界也许会有所不同。尤其是在东亚诸国,中央政府对教育制度的控制力一直很强。当然,这些观点不意味着笔者赞同或主张中央政府对现代教育制度的强烈控制,仅仅是描述客观现实的特征而已。而且,政府教育控制力发挥的形式是多样的。比如,直接控制和间接控制等。间接控制不意味着实际控制力变弱。反之,直接控制也不意味着实际控制力增强。政府控制力发挥的形式与政府的自我定位密切相关。在现代社会里,有些国家的政府认为自己是超越于社会和市场之上的特殊存在,自己能够干涉和改变社会与市场运行的本质规律。而有些国家的政府则认为自己不过是社会和市场体系中的普通一分子,自己只有努力发现社会和市场的规律并严格遵循社会和市场的本质规律。

这些特点强烈体现了现代"人为"教育制度的内在本质属性。

三 资金筹措的启发意义

作为局外人或者说旁观者,笔者对日本国家助学贷款制度体系的本金筹措机制感触最深的一点是,在现代国家助学贷款制度的建设和发展过程中,中央政府可以没有实际的财政资金投入支持,但是不可以不发挥主导作用。日本的经验表明,政府财政困难实际上不是制约大学生资助制度发展的根本因素。其实,在现实社会中,随着资金流动性的不断增强,可替代性资金来源非常之多,尤其是市场资金的形式非常多样。总之,现代国家助学贷款制度中的筹资侧面的制度体系建设成功的关键就在于,中央政府是否充分认识到大学生资助在现代社会发展中的重要性,同时,是否具有完善国家助学贷款制度的政治头脑与操作智慧。

具体说来,日本国家助学贷款制度本金资金筹措机制的启发意义主要体现在以下三点:第一,中央政府积极和持续地进行创造性的制度设计;第二,能够把政府财政投资制度与国家助学贷款制度有机结合起来,实现了根本目的不同的两种制度双赢的效果;第三,有效导入市场资金并加强管理和合理使用,以促进国家助学贷款制度建设。

第三节　资金发放：简史、特征及借鉴

一　资金发放的制度简史

现代国家助学贷款资金发放制度的核心是形成完善而合理的资金发放的标准体系。发放标准的合理性则最终决定着国家助学贷款制度体系的各种效率系数的大小。在日本国家助学贷款制度发展史上，贷款申请者的家庭收入和学业成绩始终是两个重要的发放标准。资金发放的家庭收入和学业成绩两个标准之间的关系随着时代变迁而发生过明显变化。

它的变化历史大致可以划分为以下三个性质不同的历史阶段。第一，从1943—1957年左右为第一阶段，其阶段性特征体现为公平与效率的实质性统一；第二，从1958—1983年为第二阶段，其阶段性特征体现为公平与效率之间对立的明显化；第三，从1984—2010年为第三阶段，其阶段特征体现为公平与效率之间的高度有机统一。

其中，公平和效率之间的对立及其尖锐化，而且该问题得到社会各界尤其是大众的高度关注主要出现在第二阶段的上半期。而在随后的第三阶段和第一阶段里，公平和效率之间基本不存在需要解决的重大政策问题。联想到我国最近十多年来在教育公平尤其是高等教育公平问题上的群情汹汹，反向推测日本当年的有关状况，其政策难度可想而知。

二　资金发放的当前特征

当前的日本国家助学贷款制度的资金发放标准的主要特征可以概括如下,第一,家庭收入标准和学习成绩标准成为大学生获得国家助学贷款的两个重要依据。标准内涵变得越来越具体而明确化。这就使资金发放的实际过程具有了高度的可操作性。第二,获资助者必须同时符合家庭收入和学业成绩两个标准的基本要求。即成为获资助对象的大学生的家庭收入相对要低,同时学习成绩却相对要好。这样的要求体现了公平标准和效率标准之间的有机统一。第三,家庭收入标准与学习成绩标准之间的互动关系也在标准规定中得到了准确体现。在其他条件类似的情况下,对于学习成绩较好的大学生,给予的贷款的优惠额度就大一些,同时对家庭收入的要求也比较低一些。这一点表明,在坚持公平基本原则的前提下,效率追求是目前日本资助政策改革的最关心之处。而且,与美国和中国相比,日本存在明显差异。

对贷款者学业成绩的严格而明确的要求是日本不同于世界上很多发达国家的国家助学贷款制度的关键之处。比如,长期以来,美国联邦助学贷款对大学生的成绩要求仅仅是贷款者达到"C"以上即可。[①] 对于日本国家助学贷款制度的这个特点,世界著名大学生资助研究专家布鲁斯·约翰斯通表示了自己的担心。他认为,日本国家助学贷款中的学业优秀

---

① 埃尔查南·科恩. 教育经济学. 格致出版社,2009:300—301.

标准有可能把很多需要政府提供经济资助的学生排除在制度之外。他还进一步推测认为,这极有可能是日本国家助学贷款制度覆盖率较低(与美国比较)的重要原因之一。①

　　而在中国的国家助学贷款制度的有关具体规定中,长期以来,甚至都没有提及国家助学贷款者的学业成绩标准。虽然国际学术界对于国家助学贷款制度的资金发放是否一定要求较为严格的学业成绩仍然存在理论争论,但是,完全没有任何学业成绩标准的规定也是难以想象的。如上所述,相对而言,美国联邦助学贷款对学业成绩的要求最为宽松。即使如此,在最为宽松的美国联邦助学贷款中,也会明确一个最低学业标准。至少也要求申请者的课程履修程度。其要求一般是要达到全日制学生的基本选课数量。②

―――――――――

① 布鲁斯·约翰斯通.高等教育财政:国际视野中的成本分担.华中科技大学出版社,2014:140—153.

② 中国国家助学贷款制度没有设定具体的学业成绩标准未必就是制度设计的主观缺陷,它背后的主要客观原因可能如下:第一,国家助学贷款制度目前尚处在发展初期,今后随着制度的不断发展,相关规定自然越来越完善。第二,中国另外有国家励志奖学金制度,专门针对家庭经济困难而学业成绩优异的大学生。作为一套大学生资助制度组合的一部分,国家助学贷款制度实际上就成为专门针对学业成绩相对不优异的大学生资助制度。第三,布鲁斯·约翰斯通的学术思想的巨大影响。相对说来,布鲁斯·约翰斯通一直提倡较为宽松的国家助学贷款制度的学业成绩标准。这个思想明显带有美国联邦助学贷款制度的痕迹,甚至可以说美国高等教育公平思想的影子。他的学术思想通过华东科技大学沈红教授团队的长期而系统的介绍,在中国学术界和高等教育政策界广为传播,影响巨大。顺便说一句,布鲁斯·约翰斯通教授视中国为转型国家,他不主张发展中国家和转型的新兴国家大规模采取助学贷款进行大学生资助。他主要担心金融信用体系不健全会毁掉国家助学贷款制度的有效性。然而,随着互联网和计算机技术的发达,现在看来,他的担心也许有点多余。与此同时,中国的高等教育开始越来越感受到资助供不应求的强大压力。

三 资金发放的启发意义

在国家助学贷款制度的三个主要环节之间,资金发放标准体系的建设最具有技术上的可操作性。但是,理论上的技术性不等于实际中的可操作性。仅以贷款学生的家庭收入的衡量为例,研究结果表明,迄今为止,公认的合理的操作方法几乎不存在。不仅在发展中国家和转型国家情况如此,在发达国家也是情况如此。发展中国家和发达国家之间的区别仅仅是两者存在问题的程度的差别而已。[①] 有鉴于此,系统研究日本国家助学贷款发放标准的历史嬗变和当前特征无疑对完善我国国家助学贷款制度发放标准体系具有重要的借鉴意义。

如前所述,在我国现行的国家助学贷款制度体系中,对国家助学贷款发放的基本标准只有“家庭经济困难”这一项规定。这是自 1999 年国家助学贷款制度建立以来一直没有任何明显变化的政策规定之一。[②] 后来,为了实现国家助学贷款的精准扶贫,在 2007 年,中央政府曾经颁布政策进一步细化了大学生“家庭经济困难”的认定程序。[③] 但是,在这个中

---

① 布鲁斯·约翰斯通. 高等教育财政:国际视野中的成本分担. 华中科技大学出版社,2014:154—169.

② 中国人民银行,教育部,财政部. 关于国家助学贷款的管理规定(试行). http://www. csa. cee. edu. cn/zizhuzhengce/gaodengjiaoyu/2012—09—02/1236. html,2016—03—22.

③ 教育部,财政部. 关于认真做好高等学校家庭经济困难学生认定工作的指导意见(教财[2007]8 号). http://www. csa. cee. edu. cn/zizhuzhengce/gaodengjiaoyu/2012—09—02/1248. html,2016—05—01.

央政策中,仍然没有对"家庭经济困难"的具体内涵进行明确界定。据研究者调查表明,由于政策中缺乏明确而具有可操作性的标准依据,各具体高校在"家庭经济苦难"实际认定过程中体现了较大的随意性。而且,这两个政策文件一直到现在还在发挥其规范效力。

而且,在学业成绩标准上,我国制度略显空白。不仅上述这两个国家关于助学贷款制度的政策文件,就是在其他的任何与国家助学贷款相关的政策文件中也统统没有提到国家助学贷款发放中的学习成绩标准问题。难道在助学贷款制度的资金发放中,学业成绩标准一点都不重要吗? 显然不是。这个现象背后存在的最大的客观原因可能是相关制度设计的滞后性。当然,如前所述,这也可能与政府对国家助学贷款制度功能和重要性的主观认识有关。

不过,仅仅把当前的日本国家助学贷款制度体系的有关规定和中国同类体系的有关规定进行横向比较则显得较为片面而缺乏相当的理论说服力。毕竟在社会和教育制度建设上,日本比中国先行一步。因此,在很多制度规定上略显成熟也非常正常。但是,如果进一步进行历史发展阶段的系统比较就会发现,日本国家助学贷款体系在其建立之初,其制度对家庭经济困难和学习成绩标准的诸多规定也同样是仅仅停留在原则性文字而没有多少具体的可操作性描述。这些特征与我国国家助学贷款制度发展初期的某些侧面何其相似!

第四节 资金回收:简史、特征及借鉴

一 资金回收的制度简史

从制度运营的技术角度来看,完善的资金回收制度无疑是保障国家助学贷款制度成功的最为关键之处。在世界上所有国家的国家助学贷款制度中,它的资金回收体系无不面对着长期回收需要与短期回收需要之间的基本矛盾。长期回收要求和短期回收要求的对立本质上是国家助学贷款制度的目标与操作方法之间的基本矛盾。由于该矛盾内置于制度体系内,所以,实践操作中基本上无法从二者选择其一,最有效的方法是尽量减轻二者之间的无效摩擦。

与资金筹措和资金发放两个侧面相比,日本国家助学贷款资金回收的阶段性变化不甚明显。这是因为,它一直强调长期回收的基本原则。在1991—2010年间,在追求行政效率的中央政府的指导下,曾经一度强化了短期回收的措施和实际工作。然而,并没有持续太长时间。

总之,日本国家助学贷款制度自建立之初起,就高度关注二者之间的客观矛盾,并建立了相应的矛盾缓冲制度。经过半个多世纪的不断完善,终于形成了独特的能够维持二者之间平衡的基本回收体系。直至当前,日本国家助学贷款制度回收体系的微调仍在不断进行。

二 资金回收的当前特征

目前,日本回收制度所具有的基本特征如下:首先,坚持长期归还的基本原则。这由国家助学贷款目标所决定。国家助学贷款的基本目的是资助贫困大学生顺利完成大学学业。并且,其基本理念是让借款者依靠所接受的高等教育来脱贫致富,然后从自己的劳动收入中拿出一部分来归还所欠的国家贷款。高等教育的经济回报具有长期性,因此国家助学贷款借款的归还周期也必然越长越好;其次,综合采取多种有效措施,争取短期归还人数与规模的最大化。这明显有利于国家助学贷款制度的操作运营的顺利完成;第三,采取还款延期、还款展期、还款减额和还款豁免等多种措施,尽可能让归还时期和数额基本与贷款者的收入变化相适应。并最终导入彻底的按收入比例还款制度;第四,根据国家发展战略,充分考虑个人高等教育就学的社会收益,不同程度地免除贷款者个人的还款义务。总之,它的基本特色在于,决不舍本逐末,为了尽快回收的运营目标而损害制度存在的根本目标。

三 资金回收的启发意义

作为国家助学贷款制度体系中最受研究者和政策制定者关注的部分,日本国家助学贷款制度中资金回收制度建设方面的技术性经验更有较强的可借鉴性。

首先,综合使用多种人性化的回收方式。针对不同情况采用不同的催欠方式是日本国家助学贷款回收制度的主要特征之一。还款拖欠的原因和类型多种多样,不能一概而论。在我国的国家大学生贷款制度中,除去加强学生诚信档案建立,为将来采取行政或法律处罚作准备之外,并没有过多考虑如何有效回收欠款。这种制度设计所依据的理论假设本身就有问题,那就是大学生贷款拖欠的原因是贷款者有钱不还。实际上现实社会非常复杂,故意拖欠贷款不还者固然不少,但因经济负担能力或其他原因无法还债者也并不在少数,接受高等教育并不会立即让所有的贫困孩子在短短几年内脱贫致富。不少贷款措施背后缺乏明确的理念和系统的理论支撑是我国大学生贷款制度尚未成熟的表现之一。

其次,彻底贯彻按收入比例还款的思想。而且,经过长期发展,已经形成了多样化和综合的按收入比例还款制度体系,能够适应不同收入阶层的还款者的实际需要。同时,还充分考虑了按收入比例还款对贷款回收的可能的负面影响,尽可能结合一些能够促进回收的具体措施。从运行的实际效果来看,按收入比例还款不会引起还款拖欠率的升高,进而阻碍国家助学贷款的顺利回收和实际运行。国际比较研究的结果表明,很长时间以来,日本一直是世界上助学贷款拖欠率最低的国家之一。[①]与日本的制度相比,我国当前的助学贷款制度中则较少体现按收入比例还款的思想。事实上,同为抵押型助学贷款的美国也在以按收入比例还款为指导思想进行制度体系改革。美国朝着这个方向的改革自 1991 年就开始了,而

---

① 徐国兴.在公平与效率之间.上海教育出版社,2009:67—82.

且,力度越来越大。① 日本改革设计的思想和原则无疑为思考我国制度改革的有效方略提供了崭新的视角,具有非常重要的理论和实践意义。

第三,回收服务于整体目标。国家助学贷款回收措施选择不能仅仅为了实现回收,而必须以实现制度的本来目的为根本目标。否则,就会本末倒置。为了让回收服务于整体目标,需要把人力资本理论作为回收制度设计的最根本的理论基础,把按劳动收入比例回收作为基本的指导原则以便充分照顾到毕业生的不同人生阶段和不同毕业生个体的劳动收入差异。

第五节 整体制度:简史、特征及借鉴

一 整体制度简史

半个多世纪以来,日本国家助学贷款制度体系在与外部环境的互动中,不断发展变化。它的历史变迁明显体现了整体嬗变和部分嬗变的一致性和非一致性的动态统一。

首先,在半个多世纪的发展过程中,日本国家助学贷款制度体系及其三个基本组成部分都经历了确立、发展和成熟等内在性质明显不同而又前后紧密衔接的历史嬗变时期。从这

---

① 刘丽芳,沈红.美国学生贷款偿还的新机制——"人力资本合同".教育与经济.2007 年(1):69—73.

个意义上来看,整体制度嬗变和制度基本组成部分嬗变之间
具有较高的历史发展的一致性。

表 6 - 1　制度整体与部分之间的历史分期比较

	整体制度	资金筹措	资金发放	资金回收
第一阶段: 制度确立期	1943—1983	1945—1983	1943—1957	1943—1990
第二阶段: 制度发展期	1983—2003	1984—2000	1958—1983	1991—2010
第三阶段: 制度成熟期	2004—2010	2001—2010	1984—2010	2011—

但是,如表 6 - 1 所示,他们的历史分期在时间上又存在
着两两之间不尽一致的诸多地方,这体现了制度体系的部分
与部分之间、整体和部分之间的历史发展进程的非一致性。
而且,不同部分与整体制度发展的非同步性程度也不尽相同。
其中,资金筹措与整体制度的发展分期最为接近。这说明,资
金来源及其充足性对国家助学贷款制度发展的不可替代的重
要性和影响作用。与此相比,助学贷款发放标准发展变化的
历史分期与整体制度发展变化的历史分期之间差距最为明
显。助学贷款发放标准至少在整体制度发展的第二期就已经
比较成熟,其后就再没有比较明显的变化。这说明,国家助学
贷款发放标准相关的制度体系可能相对于资金筹措和资金回
收两个方面具有较高的内在客观性,不易随外部条件而发生
变化。

二　整体制度的当前特征

日本国家助学贷款制度最突出的整体特征是,体系内部

三个组成部分的有机联系和动态互动。如前所述,日本国家助学贷款制度体系包括资金筹措、资金发放、资金回收三个组成部分。三个组成部分内部各有一对对立统一的主要矛盾存在。资金筹措涉及政府资金和市场资金之间的对立统一,资金发放涉及效率标准和公平标准的对立统一,资金回收涉及短期回收和长期回收之间的对立统一。

　　三个组成部分的对立统一的两个侧面之间有着高度联系。政府资金主要用于实现资金发放的效率标准,同时,对政府资金实行长期回收原则;另一方面,市场资金主要用于保障资金发放的公平标准,对市场资金强调短期回收原则。三个部分之间的对立面之间的联系直接导致整体制度体系成为不同部分的两个侧面之间的对立与统一。

　　仅仅从现代金融学的角度来看,日本国家助学贷款制度中的资金流动与一般性的商业贷款的资金流动之间存在着明显区别。最重要的区别之处在于,助学贷款制度所追求的资金使用效率有自己的内在标准。这个有关效率的内在标准较为重视长期性,而这个长期性无疑是人才培养投资在本质上所具有的长周期性的外在显性化和制度化的表现之一。

　　另外,国家助学贷款制度资金发放的学业成绩标准作为国家正式制度的规定体现了一个社会对大学生学习结果的内在性质的外在规定性。从理论角度来看,以发放贷款的学业成绩标准而论,半个世纪的时间很难想象会让它的内在属性发生多少根本变化。因此,所能改变的只不过是,在国家助学贷款发放的实际操作中,根据资金总量多少,学业成绩标准执行的严格与宽松之间的具体差别而已。在近半个世纪的大学生资助制度发展的历史中,日本国家助学贷款制度自始至终强调学生学业成绩。把这个特征放在世界范围内来看,未免显得多少有些另类。因此,如上所述,它在促进高等教育公平的有效性程度上才招致大学生资助专家布鲁斯·约翰斯通的某些怀疑。不过,自上世纪90乃年代末,即使在最强调高等教育投资公共性的北欧和英国,也出现了不断强化根据大学生学习成绩标准进行资助的政策趋势。比如,瑞典就于1996年颁布改革政策要求此后有的大学生资助都必须依据学业成绩来发放。[①] 当然,我们不能就此说日本国家助学贷款制度的建设具有先见之明。从此我们所能够推测的一点只能是,与西方相比,日本社会的传统文化土壤有可能比较看重学业成绩。

三 整体制度的启发意义

从国际比较视角来看,日本国家助学贷款制度体系在结构和功能上都存在很多非常独特的侧面。其中,有些侧面也反映在高等教育投资制度的其他方面建设的实践上,实际上也成为日本社会人力资源投资的一般原则。这些侧面不仅引起了世界各国研究者的高度关注,实际上也值得世界各国的高等教育政策制定者反复思考和揣摩其价值。这里,总结

---

① 米雪·贝劳特,埃克里·坎顿,丁男德·韦克宾.减少学生资助是否会影响学业成绩——来自荷兰改革的经验.收于克里斯廷·达斯特曼等编.教育与培训经济学.格致出版社,2011:1—13.

如下。

（一）短期效益和长期效益的有机结合

大学生资助不仅是改善高等教育公平状况的政策选择，更是个人生涯收入·消费平滑的手段以及社会外部效益个人补偿的政策的完美结合。同期的日本国家助学贷款制度体系的整体结构和对外功能呈现出较高的相对稳定性。在资金筹措、资金发放和资金回收等制度体系的发展上，都没有出现过幅度过大的断崖式变革。制度的相对稳定性与高等教育投资的长期性要求之间高度一致。这有利于制度体系结构的持续完善和内在功能的充分发挥。

（二）目标正义和工具理性的有机结合

随着经济长年不景气，近年来日本社会舆论的主流倾向非常明确，要求中央政府尽快建立无须偿还的国家奖学金制度，但是，日本中央政府的首脑除去口头表示赞同而外，却从没有采取过任何实际行动。从这个角度来看，日本中央政府似乎非常"冷血"，确如《菊与刀》一书所绘的标准日本人形象。其实，这一点坚持非常符合现代经济学理论对高等教育投资属性的基本认识。目前，越来越多的经济学家认为应该由大学生自己支付全部高等教育的教学成本。①因此，换个更为理性的角度来考虑一下，如果日本社会

---

① 埃尔查南·科恩. 教育经济学. 格致出版社,2009:311.

大众能够时刻清楚地记得任何公共投资都来源于政府财政即税收——也即人民大众的血汗,也许会改变对国家助学贷款制度的负面看法。而且,如此看似"冷血"的投资政策才是真正的"温血"政策,因为它把目标正义和工具理性有机结合在一起了。

（三）稳定性和时代性的有机结合

助学贷款整体制度也需要因应时代发展的客观要求而不断改革。在过去半个多世纪的历史时期内,环绕日本国家助学贷款制度的外部环境发生了翻天覆地的变化。勿论高等教育制度体系外部的经济、政治和社会环境的巨大变化,就是其上级制度——高等教育制度也走完了从精英阶段向大众化阶段,进而大众化阶段向普及阶段过渡的两个发展历程。随着这些外部环境的不断变化,日本国家助学贷款制度必须通过某种形式的内部适当改革,才可能保持与时俱进。整体说来,日本国家助学贷款制度能够较好地完成各个时代赋予的重任。

外部的巨变要求与体系内部的小变本性之间存在着矛盾与张力。这要求国家助学贷款制度的整个体系或体系的某个侧面必须进行持续和及时的微调。迄今为止的制度发展历史表明,日本中央政府对国家助学贷款制度体系的不断修补和持续改良,能够较好地释放内外部矛盾运动所带来的动态张力,基本保证了制度长期处于良性运转状态。

第六节　余论:借鉴可能性探索

一　中日国家助学贷款制度的同异性

当前,以国家为基本分析单位来看,世界上比较成功的国家助学贷款制度的政策实践共有三种主要类型:以日本为代表的抵押型国家助学贷款制度、以澳大利亚为代表的收入约束型国家助学贷款制度和以美国为代表的两种形式同时存在的混合型助学贷款制度。三个国家的国家助学贷款制度各有不同的发展历史、影响因素和成功经验。

本质上,我国国家助学贷款制度也属于抵押型,若仅仅就此而论,我国与日本的国家助学贷款制度最为接近。这意味着从制度运营的技术角度来看,日本经验应该对我国制度建设最有借鉴意义。然而,实际上,我国国家助学贷款制度在十多年的发展历程中,接受来自日本制度的影响程度为最小。甚至可以说微乎其微。

在这个有趣的现象的背后,除去一些明显的主观感情因素而外,中国社会对近邻国家——日本的国家助学贷款制度发展经验的有意无意地疏远也有不少客观因素。笔者以为,主要客观因素有二:第一,国家助学贷款制度仅仅是中国大学生资助制度体系的一部分。据近期中国中央政府的官方调查,国家助学贷款资助金额仅占整体的 23.29%。[1] 而且,中

---

[1]　全国学生资助管理中心.2014 年中国学生资助发展报告.http://www.xszz.cee.edu.cn/tongzhigonggao/2015—08—21/2320.html,2016—05—22.

国中央政府今后一段时期内也没有重点发展它的任何意向。
与此相比,日本国家助学贷款制度为国内一枝独秀的国家大
学生资助制度形式。而且,外部经济形势的严峻让它只能越
来越依靠国家助学贷款制度。因此,若自上而下宏观俯瞰,两
者制度其实差异甚大;第二,从制度长期进化过程的起源看,
建国后,中国国家助学贷款制度脱胎于实行"免费加奖助学
金"大学生资助的苏联高等教育模式。包含高等教育在内的
苏联模式虽然理念上被冠以社会主义之称,但骨子里支撑其
制度存在的核心意识形态却是源于近代法德等欧洲大陆国家
的国家主义思想。与此相比,虽然日本高等教育制度二战后
为以美军为首的联合国占领军所彻底改造,基本上成为美国
高等教育模式的东亚翻版,①但是它的国家助学贷款制度却
继承了战前即 1944 年建立的大学生资助制度的主要框架。
从这一点可以说,现在的日本国家助学贷款制度是地地道道
的日本原产(made in Japan)。换句话说,它是日本固有的文
化思想指导下的大学生资助制度设计的结晶。大约正是因为
如此,它的某些特征才让见多识广的大学生资助专家布鲁
斯·约翰斯通感觉多少有些异样。②同样的道理,这也会让诚
心诚意向发达国家(在某种程度上专指欧美)求取真经的中国

---

①　羽田貴史.戦後大学改革.玉川大学出版部,1999:24—64.但是,也有研
究者认为,战后初期日本新兴高等教育制度的形成过程,日本人自己的作用也不
可忽视(大崎仁.大学改革 1945—1999.有斐閣,1999.20—31.)。

②　布鲁斯·约翰斯通.高等教育财政:国际视野中的成本分担.华中科技
大学出版社,2014:140—153.

改革派政治家一定程度地忽视日本该制度的成功之处。

二　中日文化的同源性和差异性

既然上文谈到了日本的传统文化思想和国家助学贷款制度之间的密切关系,那么,这里就不能不首先准确定位日本文化、中华文化和西方文化①之间的相互关系,然后才能够从中合理推导出,在固有的中华文化语境下,中国究竟能够从日本国家助学贷款制度半个多世纪的演变历程和独特的现状特征中悟出什么样的借鉴价值。

对于中日文化的异同点,近百年来的整个 20 世纪里,世界学术界的一般见解是,在很长一段时期内,古代日本②主动从中国引进了中华文明的结晶,然后加以改造,使之成为具有日本特色的本土文化。但是,19 世纪中叶以来,日本转变了学习方向,主动虚心向西方先进诸国学习,积极引进西方文化,最终实现了自我转变,成为世界上第一个非西方的现代国家。③ 这样的理论逻辑确实能够合理解释 19 世纪末期以来中日社会发展水平的巨大反转。④ 还长期迎合了日本社会的一般大众的心理满足,更符合近代以来日本历代中央政府的

———————————

① "文化"、"文明"和"社会"本为文化人类学中的不同内涵的关键词汇,这里,均视作内涵基本相同的词汇,根据不同语言环境下的使用习惯而交替使用。

② 目前,日本学者对日本何时停止引进中国文化尚存在争议。

③ 此为笔者对《哈佛日本文明简史》(阿尔伯特·克雷格. 世界图书出版公司,2014)相关部分内容的总结。

④ 很明显,学术界多以两国交战的胜败作为社会发展水平的根本性标志。但是,两国战争胜败的影响因素众多,而且,根本也无法事后准确地加以推测。

对外扩张政策和对内政治统治自我宣传的政治需要;另一方面,从中国的角度来看,这个解释也高度符合中国改革家的革命或者说改革的政治需要,也符合温和的改良派积极向西方学习的实际诉求。但是,长期以来,对中日文化关系不是没有其他的理论解释。比如,以京都大学为学术阵地的一群历史学的教授们就不这么看。但是他们的声音少为外界关注。

然而,进入二十一世纪以来,随着中国大陆经济和社会的不断发展,综合国力大幅度增强。原来那些强调现代中日文化近缘性的微弱声音逐渐变得强大。比如,几年前,日本学者与那霸润出版了《中国化日本——日中"文明冲突"千年史》一书。在这本畅销日本的学术书中,作者明确指出,日本文化就是中华文明在日本列岛上的一个变体,或者说具体表现形式。同时他又说,这个观点并非他个人首创,而是继承了日本京都历史学派的基本观点。① 其实,在西方学者中,明确持此种观点的理论代表者也并不鲜见。比如,著名英国历史学家阿诺德·汤因比就说过:"中国社会②的原始家园在黄河流域,从那里扩展到长江流域。这两个流域是远东社会的源头,该社会沿着中国海岸向西南扩展,也扩及东北方,进入朝鲜和日本"。③ 抛却现代国家强加给文化的政治国家的地缘性和局

---

① 与那霸润. 中国化日本——日中"文明冲突"千年史. 广西师范大学出版社 2013.1—14.

② 笔者推测此处中文的"中国社会"原文应为"Chinese society"。而"Chinese society"翻译为"中国社会"容易引起误解,大约翻译为华夏文明更为合适。

③ 阿诺德·汤因比. 历史研究. 上海世纪出版集团,2005:23—24.

限性,回归人类生存活动的基本文化意义,认定日本文化是中华文明的一个具体表现形式,应该更符合文化的历史演化的客观事实。

如果从这样的视角来看待日本文化及其影响下产生的现代诸种制度,也许国人的主观感受和得到的立体影像的清晰度就会大不相同。从本质而言,这就应该与观察深圳特区的优缺点在哪里没有什么两样。唯一的差别大约在于,深圳特区是中国政府主动创造的中华文化的一个变体,而日本则是历史自然演化①中孕育出的中华文化的一个变体。其实,在当今世界上,这样的较具特殊性的中华文化变体的例子不胜枚举。比如,中国香港和台湾地区等均可归入此列。相对关系远一点的还有朝鲜(包括韩国和北朝鲜)和越南等。更远一点的还有散布于世界各地的华人世界(甚至可以把它扩大到东亚人的海外世界中去)。而所谓的概念上的中华文化其实无比抽象,根本无法把握其"形"的特征,它的具体形象只有通过这样的一个个各不相同的具体文化变体而得以展现出来。若带着这样的观察视角和中日比较回到本课题的主旨之处,也许就不难发现日本国家助学贷款制度中的更多优点和可借鉴性。

另外,中国政府主动创造深圳等特区的最根本的宗旨是探索提高中华文明程度的创新路径,借用现代科学研究方法的术语,这有点类似于"实验室实验"。"实验室实验"的实施代价之大难以想象,而且实验结果推广的风险之大也难以想象。与此

---

① 对于中国政府来说。

相比,观察日本相关制度的发展历史就有点类似于进行"自然实验"。这对于中国来说,不仅花费非常之小,而且推广自然实验结果的风险也要小很多。当然,关键还在于第一步,即通过认真观察发现日本制度体系的真实特征所在。随着中国大陆成为世界第二大经济体的时间越来越长,中日两国的经济、政治和军事实力在世界上相对位置的绝对翻转,或者更为准确地说是回归历史传统,中国社会大众审视日本及其社会制度的视角将会变得越来越理性和多样性,观察结果也就会越来越具有客观性。这样的外在环境无疑有利于今后本课题的深化研究。

第七节 补论:助学贷款制度功能再评估

在对日本国家助学贷款制度体系的发展历程、现状特征和若干形成机制进行详细分析之后,研究思路难免会位移到中国国家助学贷款制度的建设和发展战略上来。这里,首先说明两点,第一,最基本的判断是中国国家助学贷款制度并没有得到相应发展;其次,中国在发展国家助学贷款制度上的谨慎态度有政府财政、制度功能和战略定位等多方面因素的影响。

最近 20 年来,世界上主要发达国家的大学生资助发展的基本趋势是,助学贷款成为越来越重要的政策杠杆和基本手段。与此相比,因为各种客观原因影响,从政策指向而言,我国国家助学贷款在短时间内,经历了相对较为曲折的发展历程。这个发展历程大致可以分为三个时期。第一,1999 年起的 5 年间,经历了一个大力建设的阶段。第二,自 2005 年左右起,至 2010 年左右止,我国反而选择了回归资助传统,主要依靠奖学金和助学金进行大学生资助的国家政策路线。在此背景下,助学贷款制度实际处于发展停滞状态。第三,2010年以后,我国中央政府开始更理性和全面地认识国家助学贷款的多重功能,并尝试从多个侧面进一步完善国家助学贷款制度,最大限度发挥其应有的作用。国家助学贷款制度进入发展新时期。尽管如此,从金额占比看,助学贷款仅仅占整体大学生资助的 23% 左右。也就是说国家助学贷款并没有成为我国大学生资助的主要手段。今后如何发展国家助学贷款,首先必须客观评估国家助学贷款制度的应有功能。以下从三个方面重点分析。

一 助学贷款制度的财政效率

中国国家助学贷款制度发展历程的转向与 2003 年左右助学贷款还款拖欠率过大有关。于是,先前的乐观主义的社会舆论为之一变,举国上下到处蔓延着对助学贷款中国适用性的悲观之论。2004 年,布鲁斯·约翰斯通在《北京大学教育评论》发文认为,作为发展中或转型国家,中国的金融信用体系不健全,其他相关管理制度也跟不上,这是导致还款违约率过高,制约国家助学贷款制度发挥其应有功能的重要因素。[①] 虽然

---

① D.布鲁斯·约翰斯通.按收入比例还款型学生贷款在发展中国家和转型国家的适用性.北京大学教育评论.2004:20—27.

当时导致拖欠率过高的核心因素也许并不在于此。但是，从我国政策实施的操作技术和政策效果评估传统的两个角度而言，失败的根本原因确实只能归结于此制度体系的外部事物。在政策不灵和关键学者反对的情况下，国家助学贷款此后陷于停滞状态。虽然，2007 年开始了生源地助学贷款项目，但是，整个国家助学贷款制度的基本框架并没有发生变化。而且，不妨把 2007 年项目的设立看作面对大学生资助的巨大需求和奖助学金供不应求，政府无奈祭出的最后法宝。直至今日，布鲁斯·约翰斯通仍然认为，在中国发展国家助学贷款制度需要慎重。[①] 中国的金融信用体系和管理制度不健全仍然是他列举的制约国家助学贷款制度发展的主要因素。不过，他同时还指出，发达国家的金融信用健全程度也只是相对而言。

　　如果在国家助学贷款回收中，助学贷款拖欠率过高，那么，从政府投入的角度来看，国家助学贷款制度就实际上与奖助学金制度无异。[②] 此外，各级政府、学校和社会还要白白搭上很多管理费用。[③] 因此，在还款拖欠率过高的情况下，奖助学金是更为有效的财政选择。

　　[①] 布鲁斯·约翰斯通. 高等教育财政：国际视野中的成本分担. 华中科技大学出版社，2014：1—5.

　　[②] 在现代社会里，原则上不能简单地如此看待。毕竟在法律上，只要借款者没有实际归还贷款，债权关系就仍然存在。而且，负债者最终要承担因此而发生的所有债务。

　　[③] 管理费用不能简单地完全视为助学贷款制度的纯粹费用。它也起到公共事业扩大雇佣的一部分客观功能。

其实,经过十多年发展,中国的金融信用体系已经大幅度改善,如今制度体系之健全程度已经与发达国家相差无几。中国能够在二十年时间内走过西方二百年的金融信用体系发展之路,除中央政府和相关金融经营部门的主观努力之外,最大的客观原因还在于全球互联网和计算机技术的迅猛发展而引起的金融信息的数字化和互联网化。目前在中国,至少对就业于相对规范的工作单位的大学毕业生即雇佣劳动者来说,其个人金融信用能够得到全程和动态的追踪。而且,随着工商和税务管理手段的科学化和不断进步,私营企业主的金融信息也全面纳入了国家的金融信息管理体系之中。因此,现在的国家金融信用体系情况与十年前存在着根本不同,理论上,国家助学贷款还款拖欠率的控制应该不是不可解决的实际问题。那么,还有什么问题能够阻碍中国大力发展和使用国家助学贷款制度呢?其实,关键的问题还在于对助学贷款对大学生资助的实际功效的政治和社会疑虑。

二　助学贷款制度的资助效率

人们对国家助学贷款制度的资助效率的探究主要是通过与国家的奖助学金等其他形式的资助相比较而进行的。如果国家助学贷款和国家奖助学金的政府财政支出总额基本相同,那么政府究竟选择哪一种形式用于大学生资助,关键要看两种不同的资助形式对大学生资助后产生的实际效果如何。其核心是哪种资助形式更能够促进学生学业成绩的提升。从国内仅有的一些实证研究的结果来看,现有研究结论都不偏爱助学贷款这一资助形式。

其中,北京大学教育学院鲍威教授领衔的研究团队的成果具有经典意义。他们以 2010 年的《首都高校教学质量和学生发展监测》项目调查(有效样本 36014 人)为分析对象,根据院校在提供经济资助时的选拔标准能力导向(merit-base)或需求导向(need-base)和资助经费的偿还必要性两个维度,将多元化资助体系划分为滞后支付型贫困资助(相当于本文的助学贷款)、赠予型贫困资助(相当于本文的助学金)、赠予型奖励资助(相当于本文的奖学金)三大类别,然后统计分析了大学生资助对农村第一代大学生(最主要的资助需要目标群体)的"减轻经济压力、学习融入、专业兴趣、社会融入和学业成绩"五个方面的促进作用。择其要而言之,具体分析结果如下。在控制了其他相关因素之后,经济资助对学业成就具有显著的影响且不同形式之间存在差异。赠予型奖励资助和滞后支付型贫困资助均对学业成就有显著影响,但赠予型贫困资助的影响不明显。其中,赠予型奖励资助对学业成就有正向促进作用,相对于没有获得资助的学生,获得该类资助学生的成绩排名提升一个等次的概率高 5 倍多。以助学贷款为主的滞后支付型资助则表现出对学业成就的抑制效应,这说明,具有偿还义务的助学贷款等资助方式对第一代大学生学业成就的提升构成了一定的逆向抑制。[①] 另外,来自沈红教授领

---

① 鲍威,陈亚晓.经济资助方式对农村第一代大学生学业发展的影响.北京大学教育评论,2015(2).80—97.

衔研究团队的黄维教授基于配对倍差法对学生贷款能否改善中国大学生的学习成绩进行了分析,发现学生贷款未能改善大学生的学习成绩。而且,当前的学生贷款反而增加了学生的偿债压力,刺激大学生要尽早进入劳动力市场就业的需求。[①]

如第一章所述,在中国,有影响的大学生资助研究有三大团队:华中科技大学沈红教授领衔的团队、北京大学教育学院研究团队和上海师范大学张民选教授研究团队。在三个研究团队中,除张民选教授研究团队仍然集中于国际比较以外,另外两个团队均努力地对中国现实进行了实证研究。但是,两个研究团队的实证研究结论都对国家助学贷款的促进大学生学业成就的功能持否定见解。考虑到在科学研究尤其是实证研究尚不发达的现实情况下,仅有的一些实证研究成果的政策和社会舆论影响常常会被无限放大,中国政府在发展国家助学贷款制度上的选择体现出异常小心翼翼的心态非常容易被学术地所理解。

但是,依据上述研究结果而推导出的政策结论并不唯一。本文对黄维教授的研究成果的了解来自于一些新闻报道的片断,所以,其得出结论所依据的详细的研究设计、分析程序和具体方法无从知晓。不过,鲍威教授的论文中详细记载了该研究所使用的分析程序和方法。这些程序和方法表明,研究

[①] 胡仲勋. 沈红教授主持的"国家自然科学基金项目进展"研讨会顺利举行. http://jky. hust. edu. cn/list_show. asp?id=1426,2016—06—24.

结论中的"赠予型奖励资助对学业成就有正向促进作用,滞后支付型资助则表现出对学业成就的抑制效应"受到研究者预先设计的因果关系模型的直接制约。从统计学的角度来看,这些分析结果所依据的分析程序和具体方法都是高度完美的。值得反复思考的关键之点在于研究者预先设定的因果关系和依此而来的研究设计上。简而言之,奖学金和学业成绩之间的最终统计相关关系有可能体现的反而是,学业成绩在先而获得奖学金在后的客观现实。其实,这样的因果关系推理大约更符合中国大学生学情的客观现实。而且,两个研究在数据收集之前的样本选择的科学性如何也是需要重新思考之处。①

其次,对研究助学贷款的资助效率如何的价值判断还有一点需要高度注意。那就是,在助学贷款和奖助学金哪一种形式的资助更有效的比较中,首先需要观察的对象应该是整体大学生资助制度体系的宏观结构。迄今为止,国际理论界一般认为,在奖助学金和助学贷款两种形式混在的制度体系内,奖助学金形式将会体现出更为明显的高等教育公平促进效果。但是,不能据此就完全否认助学贷款的正向促进效果。助学贷款有其独特的功用。②

---

① 现有研究成果的样本选择也许是助学贷款效果不明显问题产生的根本原因之一。如果样本集中以位于中小城市的高职高专的在校学生为对象,效果可能会大不相同。

② Sandy Baum, Michael McPherson, and Patricia Steele. The effectiveness of student aid policies what the research tell us. Collge Board, 2008.

　　第三,在仅仅具有单一国家助学贷款制度的国家里,比如,在本文的研究对象——日本这个国度里,国家助学贷款制度对大学生学业成就提升的正向功能无疑非常巨大。而且,在助学贷款制度方兴未艾的发展中国家,比如,智利研究者①和南非研究者②均发现,政府的助学贷款对这两个国家的高等教育公平均具有显著的促进效果。因此,对国家助学贷款制度的功能的科学考察,首先必须回到只有单一助学贷款制度的前提条件下进行。

三　助学贷款制度的战略定位

　　从该制度体系存在和发展的基本目的来看,国家助学贷款制度具有多种互相重叠而又不完全等同的制度身份的定位。上面提到的政府高等教育财政投资工具和大学生学业成绩促进仅仅是其中的两个重要方面而已。除此之外,国家助学贷款制度还有社会济贫、实现政府特定发展战略和作为国家人力资源投资制度一部分等主要的政策性功能。五个主要功能各有重叠,但不完全重合。借用 19 世纪英国的哲学家和数学家维恩(John Venn)的图示理念,可以把国家助学贷款制度的各种功能的同异比较制成维恩图(图 6-1)。当然,不

---

　　①　Solis,A. (2015). Credit access and college enrollment. Paper presented at the annual meeting of the American Economic Association,Boston,MA.

　　②　Gurgand,M. ,Lorenceau, A. J. ,& Mélonio, T. (2011). Student loans: Liquidity constraint and higher education in South Africa. Agence Française de Développement Working Paper No. 117.

同社会在不同历史条件下,对国家助学贷款制度不同功能的
强调程度有可能不尽相同。因此,完善国家助学贷款需要从
上述五个甚至更多角度来加以综合考虑。

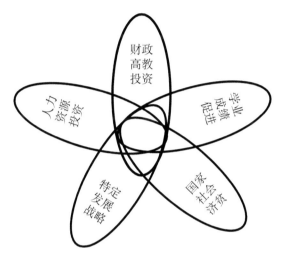

图 6-1 国家助学贷款制度的综合功能的维恩示意图

很显然,从社会发展的进化历史的长期角度来看,国家助
学贷款制度作为国家人力资本投资制度体系一部分的角色定
位是它最为关系国计民生的内在属性。因此,这里仅仅关注
国家助学贷款制度作为国家人力资本投资制度的角色如何定
位的基本原则。如果把国家助学贷款制度作为国家人力资源
投资制度的有机部分,那么,在该制度设计时,就必须超越贫
困大学生资助功能的单一维度思维,而必须综合考虑以下几
个基本问题:第一,怎么通过国家助学贷款制度的巧妙设计,
把高额的高等教育的私人投资费用均匀地分割到个人生涯的
整个生命周期之中? 并且最好与劳动者生涯劳动收入的变化

紧密联系?与生涯劳动收入相联系不仅仅是有利于提高助学
贷款回收率的重要手段,而且这样的制度安排等于社会通过
显在的制度框架规定了私人投资的回收利益及实现途径,同
时大大降低个人高等教育投资的风险,提高个人投资热情;①
第二,如何优化国家助学贷款制度体系结构的设计,刺激亲代
与子代的共同费用负担和代际间的费用负担的合理转移?进
而形成社会人力资本投资的稳定的长效机制?第三,如何通
过国家助学贷款制度来合理地分割高等教育投资的费用和收
益在社会(以政府为代表)和个人之间的负担比例?

---

① 其实,个人教育投资的风险异常巨大。而且,教育层次越高投资风险越
大,所学技能的专业化程度越高投资风险越大,所学技能越新颖投资风险越大。
投资风险会相应降低个人教育投资欲望。很多实证研究都证实了这一点。如果
政府不从社会的宏观和长期角度进行一定的合理化的制度安排,个人教育投资
就只能在低层次水平上重复。我国目前缺少大批技能工人和高科技创新人才都
可以从这个原因找到合理解释。

参 考 文 献

一 中文文献

［1］阿尔伯特·克雷格. 哈佛日本文明简史. 世界图书出版公司,2014.

［2］爱德华·W·萨义德. 东方学. 三联书店,2007.

［3］埃尔查南·科恩. 教育经济学(第三版). 格致出版社,2009.

［4］阿诺德·汤因比. 历史研究. 上海世纪出版集团,2005.

［5］鲍威. 未完成的转型:高等教育影响力与学生发展. 教育科学出版社,2014.

［6］鲍威,陈亚晓. 经济资助方式对农村第一代大学生学业发展的影响. 北京大学教育评论,2015(2).80—97.

［7］毕鹤霞,沈红. 贫困生判定的难点与认定方法探究. 高教探索 2008(5):42—46.

［8］布鲁斯·D·约翰斯通. 按收入比例还款型学生贷款在发展中国家和转型国家的适用性. 北京大学教育评论. 2004:20—27.

［9］布鲁斯·D·约翰斯通,沈红,李红桃. 按收入比例还款型学生贷款在发展中国家和转型国家的适用性[J]. 北京大学教育评论,2004

(1):21—28.

[10] 布鲁斯·D·约翰斯通.高等教育财政:国际视野中的成本分担.华中科技大学出版社,2014.

[11] 陈学恂,高奇.中国教育史研究·现代卷.华东师范大学出版社,2009.

[12] 戴维·波普诺.社会学(第十一版).中国人民大学出版社,2010.

[13] 戴雨果等.你所不了解的西方故事.江苏人民出版社,2013.

[14] 道格拉斯·C·诺斯.理解经济变迁过程.中国人民大学出版社,2008.

[15] 道格拉斯·C·诺斯.制度、制度变迁与经济绩效.格致出版社,2008.

[16] 菲利普·阿特巴赫.全球高等教育趋势——追踪学术革命轨迹.上海交通大学出版社 2010.

[17] 傅淑琼.美国联邦政府大学生经济资助技术分析.复旦教育论坛,2005(4):77—80.

[18] 顾明远.教育大辞典(增订合订本).上海教育出版社,1997.

[19] 郭雯霞.日本贷学金资助模式.学位与研究生教育.2001(7,8):58—60.

[20] 海斯汀·拉斯达尔.中世纪的欧洲大学(第一卷).重庆大学出版社 2011.

[21] 何建中,万敏.按收入比例还款型助学贷款探微[J].华东理工大学学报(社会科学版),2005:67—70.

[22] 鸿岭.日本的大学生贷学金资助模式.中国财政,2002(2):63—64.

[23] 黄令.建国后我国高等教育学费制度变迁的路径与特征.高

教探索,2010(4):54—58.

[24] 黄维,沈红.国家助学贷款制度:绩效、缺陷与可持续发展.教育研究,2007(4):10—17.

[25] 胡仲勋.沈红教授主持的"国家自然科学基金项目进展"研讨会顺利举行.http://jky.hust.edu.cn/list_show.asp?id=1426,2016—06—24.

[26] 金子元久.高等教育的社会经济学.北京大学出版社,2007.

[27] 教育部,财政部,人民银行,银监会.教育部·财政部·人民银行·银监会关于印发《国家助学贷款风险补偿专项资金管理办法》等有关文件的通知(2004.6.28)[EB/OL].http://www.xszz.cee.edu.cn/show_news.jsp?id=774,2008—10—20.

[28] 教育部,财政部.关于认真做好高等学校家庭经济困难学生认定工作的指导意见(教财[2007]8号).http://www.csa.cee.edu.cn/zizhuzhengce/gaodengjiaoyu/2012—09—02/1248.html,2016—05—01.

[29] 克里斯廷·达斯特曼等.教育与培训经济学.格致出版社,2011.

[30] 梁爱华,沈红.加纳养老金学生贷款及其失败原因分析.现代教育科学,2007(2):44—47.

[31] 梁爱华,沈红.国际视野下学生贷款风险及其防范机制.高教探索,2008(3):79—83.

[32] 廖茂忠,沈红.学生贷款违约的七大影响因素.高等工程教育研究,2008(5):114—117.

[33] 李红桃.美国国家担保学生贷款的经验及启示.高教探索,2002(3):62—65.

[34] 李文利.美国、加拿大高校学生贷款研究.比较教育研究,2004(10):44—49.

[35] 李文利.高校学生贷款运行模式的中外比较和政策分析.复旦教育论坛,2004(4):53—56.

[36] 李文利,刘芳.学生贷款证券化在中国的适用性探索.教育发展研究,2006(5A):32—37.

[37] 李御宁.日本人的缩小意识.山东人民出版社,2009.

[38] 刘丽芳,沈红."按收入比例还款"的国际争议.教育与经济,2006(2):36—39.

[39] 卢智泉,张国毅,侯长余,杨惠君.家庭因素对学生学习成绩的影响.中国行为科学,2000(1):16—17.

[40] 曼昆.经济学原理·微观经济学分册(第5版).北京大学出版社,2009.

[41] 米雪·贝劳特,埃克里·坎顿,丁男德·韦克宾.减少学生资助是否会影响学业成绩——来自荷兰改革的经验.收于克里斯廷·达斯特曼等编.教育与培训经济学.格致出版社,2011.

[42] 鲍尔森·马歇尔(Paulsen,Minchael B.),琼·斯马特(Smart,John C.).高等教育财政:理论、研究、政策与实践.北京师范大学出版社,2008.

[43] 琼·斯玛特.高等教育学(第十七版).江苏教育出版社,2009.

[44] 全国学生资助管理中心.2014年中国学生资助发展报告. http://www.xszz.cee.edu.cn/tongzhigonggao/2015—08—21/2320.html, 2016—05—22.

[45] 任友群,杨向东,王美,赵健,庞维国,林立甲.我国五城市初中生学业成就及其影响因素的研究.教育研究,2012(11):36—43.

[46] R.塞缪尔斯.对美国日本学研究的全面回顾.国外社会科学, 1993(3):39—46.

[47] 塞西尔·郝拉诺.美国学生助学贷款体系:经验与启示.大学教育科学,2011(4):85—92.

[48] 沈红.国家助学贷款:政策与实践中的既成矛盾.北京大学教育评论,2004(1):8—9.

[49] 沈华,沈红.国家助学贷款偿还和回收效率的计量分析.北京大学教育评论,2008(6):146—159.

[50] 宋飞琼.国家助学贷款银行惜贷之理论分析与破解路径.金融理论与实践,2008(3):70—73.

[51] 天野郁夫.大学的诞生.南京大学出版社,2011.

[52] M·伍德哈尔.学生贷款.T·胡森主编.教育大百科全书·教育经济学卷.西南师范大学出版社,2011:315—320.

[53] 肖俊杰.美国联邦助学贷款回收保障机制研究.华东师范大学,2011.

[54] 徐国兴,苗丹国.日本大学收费及其相关制度述评.高等教育研究,1998(1):99—102.

[55] 徐国兴.高等教育学费和机会均等.教育与经济,2004(4):6—11.

[56] 徐国兴.日本高等教育评价制度.安徽教育出版社,2007.

[57] 徐国兴.日本国家大学生贷款回收保障体系研究.教育与经济,2007(1):64—68.

[58] 徐国兴.为教育储备英才:日本大学生贷款还款特别豁免.教师教育研究,2007(3):68—71.

[59] 徐国兴.日本国立大学和私立大学结构和功能分化的比较研究.大学教育科学,2007(4):43—48.

[60] 徐国兴.在公平与效率之间——大学生资助体系中政府定位的中日比较.上海教育出版社,2009.

[61] 徐国兴.日本义务后教育阶段学生资助制度研究.教育与经济,2010(2):69—72.

[62] 徐国兴.日本大学生海外留学资助制度与政策研究.比较教育研究,2010(10):31—34.

[63] 徐国兴.高等教育经济学.北京大学出版社,2013.

[64] 徐国兴.研究生国家资助体系完善策略探索:日本的经验与启示(待发表).

[65] 徐国兴,刘牧.国家助学贷款按收入比例还款:日本的特点及启示(待发表).

[66] 与那霸润.中国化日本——日中"文明冲突"千年史.广西师范大学出版社,2013.

[67] 余秀兰.60年的探索:建国以来我国大学生资助政策探析.北京大学教育评论,2010(1):151—164.

[68] 张继龙.历史回望中的发现——马丁·特罗大众化理论流变的考察与分析.江苏高教,2013(4):21—24.

[69] 张民选.关于奖学金、助学金和贷学金政策的比较研究.教育研究,1994(9):44—48.

[70] 张民选.美国大学生资助政策研究.高等教育研究,1997(6):88—93.

[71] 张民选.关于大学生资助政策发展的比较研究.教育研究,2007(4):3—8.

[72] 郑士敏.助学贷款:银行不爱没商量[J].浙江金融,2003(12):48.

[73] 珍妮·H·巴兰坦.教育社会学——系统的分析(第六版).中国人民大学出版社,2011.

[74] 中华人民共和国国家统计局.中国统计年鉴 2011.中国统计

出版社,2012.

　　[75]中央教育科学研究所中小学生学业成就调查研究课题组.我国小学六年级学生学业成就调查报告,教育研究,2011(1):27—35.

　　[76]中国人民银行,教育部,财政部.关于国家助学贷款的管理规定(试行).http://www.csa.cee.edu.cn/zizhuzhengce/gaodengjiaoyu/2012—09—02/1236.html,2016—03—22.

　　[77]周婷,朱海艳.高等教育公平视域下的日本助学贷款模式研究.煤炭高等教育,2010(1):75—76.

二　日文文献

　　[1]天野郁夫.戦間期日本の大学(中公叢書;高等教育の時代;上).東京:中央公論新社,2013.

　　[2]天野郁夫.大衆化大学の原像(中公叢書;高等教育の時代;下).東京:中央公論新社,2013.

　　[3]天野郁夫.大学改革を問い直す.東京:慶應義塾大学出版会,2013.

　　[4]阿曽沼明裕.戦後国立大学における研究費補助.東京:多賀出版,2003.

　　[5]独立行政法人日本学生支援機構.日本育英会史:育英奨学事業60年の軌跡.日本印刷株式会社,2006.

　　[6]江原武一.大学は社会の希望か:大学改革の実態からその先を読む.東京:東信堂,2015.

　　[7]浜名篤.大学改革を成功に導くキーワード30:「大学冬の時代」を生き抜くために.東京:学事出版,2013.

　　[8]羽田貴史.戦後大学改革.玉川大学出版部,1999.

[9] 橋本鉱市,阿曽沼明裕.リーディングス日本の高等教育(1—10).町田:玉川大学出版部,2010—2011.

[10] 樋口美雄.国際比較から見た日本の人材育成:グローバル化に対応した高等教育・職業訓練とは.東京:日本経済評論社,2012.

[11] 平尾智隆,梅崎修,松繁寿和.教育効果の実証:キャリア形成における有効性.東京:日本評論社,2013.

[12] 広島大学高等教育研究開発センター.大学論集.1973—2016.

[13] 広島大学大学教育研究センター.大学研究ノート.1973—1989.

[14] 広島大学高等教育研究開発センター.高等教育研究叢書.1990—2016.

[15] JASSO.平成22年度学生生活調査結果.http://www.jasso.go.jp/statistics/gakusei_chosa/documents/data10_all.pdf,2014—10—28.

[16] JASSO.減額返還制度.http://www.jasso.go.jp/henkan/gengakuhenkan.html,2014—10—23.

[17] JASSO.返還期限猶予(一般猶予).http://www.jasso.go.jp/henkan/yuuyo/ippan.html,2015—01—26.

[18] JASSO.奨学規程.http://www.jasso.go.jp/jigyoukeikaku/documents/kitei_16_16.pdf,2015—02—12.

[19] JASSO.所得連動返還型無利子奨学金制度.http://www.jasso.go.jp/saiyou/syotokurendo.html,2015—02—18.

[20] JASSO.返還期限猶予(一般猶予).http://www.jasso.go.jp/henkan/yuuyo/ippan.html,2015—02—25.

[21] JASSO.奨学規程.http://www.jasso.go.jp,2015—5—22.

［22］金子元久.受益者負担主義と「育英」主義──国立大学授業料の思想史.大学論集,1987(17):67─88.

［23］金子元久.大学教育力.東京:筑摩書房 2008.

［24］金子元久,小林雅之.教育の政治経済学(放送大学教材).東京:放送大学出版社.2000.

［25］金融庁.犯罪口座の残金を給付型奨学金に.http://www.sankei.com/life/news/160317/lif1603170033-n1.html,2016─04─21.

［26］小林雅之.大学進学の機会──均等化政策の検証.東京:東京大学出版会,2009.

［27］小林雅之.教育機会均等への挑戦.東京:東信堂,2012.

［28］黒羽亮一.戦後大学政策の展開.町田:玉川大学出版部,2001.

［29］マーチン・トロウ.高学歴社会の大学──エリートからマスへ──.東京:東京大学出版会,1972:53─99.

［30］耳塚寛明.学力格差に挑む(格差センシティブな人間発達科学の創成:お茶の水女子大学グローバルCOEプログラム/お茶の水女子大学［編］;3 巻).東京:金子書房,2013.

［31］日本文部科学省.学制百二十年史.http://www.mext.go.jp/b_menu/hakusho/html/others/detail/1318221.htm,2016─05─31.

［32］日本文部科学省.平成 25 年度文部科学白書.http://www.mext.go.jp/b _ menu/hakusho/html/hpab201401/1350715 _ 012.pdf,2014─11─04.

［33］日本文部科学省.第 4 期科学技術基本計画の概要.http://www.mext.go.jp/component/a _ menu/science/detail/_icsFiles/afield-file/2011/08/22/1293746_01_1.pdf,2016─05─28.

［34］日本総务省统计局.日本统计年鉴.http://www.stat.go.jp/

data/nenkan/02. htm,2015—10—24.

　　[35]独立行政法人日本学生支援机构. JASSO 年報(平成 20 年度版).[EB/OL]. http://www. jasso. go. jp/statistics/annual_report/documents/annrep08_2. pdf,2010—5—10. 69—70. 2010—08—09.

　　[36]日本学生支援机构. 有关奖学金的读者提问:机构担保制度. http://www. jasso. go. jp/kikanhoshou/faq_kikanhoshou. html,2007—12—09.

　　[37]日本高等教育学会. 高等教育財政(高等教育研究/日本高等教育学会編;第 15 集). 町田:玉川大学出版部,2012.

　　[38]日本学生支援機構. 平成 16 年度 JASSO 年報[Z]. 2006 年. 9—10.

　　[39]大崎仁. 大学改革 1945—1999. 東京:有斐閣,1999.

　　[40]OECD 編著;森利枝訳. 日本の大学改革:OECD 高等教育政策レビュー:日本. 東京:明石書店,2009.

　　[41]酒井哲哉,松田利彦. 帝国と高等教育:東アジアの文脈から(国際シンポジウム;42). 京都:国際日本文化研究センター,2013.

　　[42]上山隆大. 大学とコスト:誰がどう支えるのか(シリーズ大学/広田照幸[ほか]編;3). 東京:岩波書店,2013.

　　[43]矢野眞和,荒井克弘. 生涯学習化社会の教育計画. 東京:教育開発研究所,1990. (日本の教育/市川昭午監修;第 1 巻).

　　[44]矢野眞和. 試験の時代の終焉:選抜社会から育成社会へ. 東京:有信堂高文社,1991.

　　[45]矢野眞和. 高等教育費の費用負担に関する政策科学的研究(科学研究費補助金(総合研究 A)研究成果報告書;平成 3 年度—5 年度). 東京:東京工業大学工学部社会工学科,1994.

　　[46]矢野眞和. 高等教育の経済分析と政策. 町田:玉川大学出版

部,1996;2007

　[47] 矢野眞和. 高等教育システムと費用負担. 東京:研究成果報告書. 1998.

　[48] 矢野眞和. 教育社会の設計(UP 選書;279). 東京:東京大学出版会,2001.

　[49] 矢野眞和. 工学教育のレリバンス. 東京:研究成果報告書. 2005.

　[50] 矢野眞和. 大学改革の海図(高等教育シリーズ;133). 町田:玉川大学出版部,2005.

　[51] 矢野眞和. 大学の条件:大衆化と市場化の経済分析. 東京:東京大学出版会,2015.12.

　[52] 矢野眞和. 教育費政策の社会学(科学研究費補助金(基盤研究 A)研究成果報告書). 2012.

　[53] 矢野眞和.「習慣病」になったニッポンの大学:18 歳主義・卒業主義・親負担主義からの解放(どう考える? ニッポンの教育問題). 東京:日本図書センター,2011.

　[54] 佚名. 給付型奨学金を創設＝無利子も拡充－安倍首相. http://www. jiji. com/jc/article? k ＝ 2016032900837&g ＝ eco, 2016—04—20.

　[55] 吉田文. 大学と教養教育:戦後日本における模索. 東京:岩波書店,2013.

三　英语文献

　[1] Akira Arimoto. University Reforms and Academic Governance (Report of the 2000 Three-Nation Workshop on Academic Governance,

Japan). Japan Hiroshima:RIHE. 2000.

[2] Akira Arimoto University Reforms and Academic Governance Reconsidered(Report of the Six-Nation Higher Education Research Project Reconsidered,Japan). Japan Hiroshima:RIHE. 2002.

[3] Akira Arimoto,Futao Huang & Keiko Yokoyama. Globalization and Higher Education. Japan Hiroshima:RIHE. 2005.

[4] Bruce Chapman,Government Managing Risk:Income contingent Loans for Social and Economic Progress. New York:Routledge, 2006.

[5] Edwin Amenta and Kelly M. Ramsey. Institutional Theory. In K. T. Leicht and J. C. Jenkins(eds.),Handbook of Politics:State and Society in Global Perspective,Handbooks of Sociology and Social Research. Springer Science,2010:15—39.

[6] Futao Huang. Transnational Higher Education in Asia and the Pacific Region. Japan Hiroshima:RIHE. 2006.

[7] Gurgand,M. ,Lorenceau,A. J. ,& Mélonio,T. Student loans: Liquidity constraint and higher education in South Africa. Agence Française de Développement Working Paper No. 117. 2011.

[8] Keith J. Morgan. Universities and the Community-Use of Time in Universities in Japan. Japan Hiroshima:RIHE. 2001.

[9] King F. Alexander,Ashley Arceneaux. Envisioning a Modern Federal-State Partnership in the Reauthorization of the HEA as an Engine to Increase Social Mobility. Journal of Student Financial Aid:Vol. 45(3):65—72.

[10] Mark Huelsman and Alisa F. Cunningham. Making Sense of the System:Financial Aid Reform for the 21st Century Student. www.

ihep. org WEB,2014—12—26.

[11] Matthew B. Fuller. A History of Financial Aid to Students. Journal of Student Financial Aid. 2014. Vol. 44(1):7—25.

[12] Motohisa Kaneko. Enrollment Expansion in Postwar Japan. Japan Hiroshima:RIHE. 1989.

[13] Motohisa Kaneko. Financing Higher Education in Japan — Trends and Issues. Japan Hiroshima:RIHE. 1989.

[14] Motohisa Kaneko. Higher Education and Employment in Japan—Trends and Issues. Japan Hiroshima:RIHE. 1992.

[15] Ruth Benidict. The Chrysanthemum and the Sword Patterns of Japanese Culture. U. S Boston:Mariner Books,1989. 1—15.

[16] Sandy Baum,Michael McPherson,and Patricia Steele. The effectiveness of student aid policies what the research tell us. Collge Board,2008.

[17] S olis,A. Credit access and college enrollment. Paper presented at the annual meeting of the American Economic Association. Boston,MA. 2015.

[18] Stanley,M. College education and the Mid. Century. G. I. Bills. Quarterly Journal of Economics,2003. Vol. 118(2),671—708.

[19] Yoshiya Abe. Non-University Sector Higher Education in Japan. Japan Hiroshima:RIHE. 1989.

附录　日本国家助学贷款制度大事年表^①

时间	关 键 事 件
1941 年	国民教育振兴议员联盟提出《大东亚教育体制建立议案》,该法案在议会获得通过。
1942 年	文部省和国民教育振兴议员联盟合作,开始着手国家育英制度建设的准备工作。
1943 年	财团法人大日本育英会成立,在文部省内设立办公室,在各都道府县政府办公室内设立支部。
	《大日本育英法》公布。该法规定了育英会奖学金作为国家助学制度的基本体系:日本育英会的资金来源于大藏省储蓄部贷款。育英会奖学金的每生金额设定最高额,然后分成 3—5 个不同种类,根据本人的希望和家庭经济状况决定资助金额。大学生资助通过校长交给学生本人,中等学校国家资助通过地方支部交给学生本人。育英会奖学金实际为贷款但是无利息,毕业后的第一个月开始还款,分月或分年在 25 年内还清,实行预约申请制度。

---

①　根据下述资料笔者整理而成.(1)1943—2003 年的资料来源:独立行政法人日本学生支援机构.日本育英会史·育英奖学事业 60 年の轨迹.日本横滨市:日本印刷株式会社,2004.120—234;(2)2004—2010 年资料来源:《JASSO 年报》以及独立行政法人日本学生支援机构网页. http://www. jasso. go. jp/,2015—11—30;(3)1943年—2003 年的部分内容曾经出现于拙著《在公平与效率之间——大学生资助体系中政府定位的中日比较》一书中。另外,日本的学年为当年的 4 月 1 日至次年的 3 月 31日。因此,这里的×××年实际指学年,即当年 4 月 1 日至次年 3 月 31 日。

(续表)

时间	关 键 事 件
1944 年	《大日本育英会法》实施。
	《大日本育英会章程》得到政府认可。
	特殊法人日本育英会成立,代替了财团法人大日本育英会。
1945 年	联合国军占领日本,冻结了大藏省储蓄部的资金,禁止向日本育英会放贷。
	占领军对日本教育制度实行管理政策。
1946 年	育英会奖学金所需资金改为由国家财政借款负担。
	返还方法修改,废除返还减额制度,在学期间免于返还,毕业后 6 个月后开始返还,限定返还期间(5 年、10 年、15 年、20 年和 25 年,学生可以选择)和设定最低返还额(每年 100 日元)。
1947 年	废除预约申请制度。
	中等学校的贷款学生选拔事务一部分下放给各地支部。
	制定各级各类学生资助的选拔标准。
	扩大资助人数。
1948 年	返还贷款开始作为贷款资金重新投入使用。
	设立育英制度调查会。
1949 年	制定国家助学贷款学生手册,发给获资助学生。
	返还最低年额提高到 600 日元。
1950 年	资助学生比例固定化,高中生为在校生的 3%,大学生为在校生的 20%。
	资助月额固定化,废除了最高额制度。
1951 年	大学生贷款的时间变为四年,废除了原来每年更新一次的制度。
1952 年	四年制本科学校(国立)获资助候选人名单校内公布制度开始。
	大阪府支部在高中阶段重新导入预约申请制度。
	受灾地学生特别资助制度开始。
	通过银行转账返还贷款制度在 12 个银行开始实行。

（续表）

时间	关 键 事 件
1953 年	日本育英会法第一次修订:名称变更和设立还款特别豁免制度。
	制定日本育英会业务方法书。
	有关制度变革:返还期间的选择制被废除,一律为 20 年。最低年额更改为 1000 日元。拖欠还款开始收取罚金,利率为每天 0.04%。废除还款准备金制度。免除日本育英会和还款豁免相当金额的对政府的借款归还义务。免予因病不能还款的身心疾病患者还款义务的制度确立。
1954 年	1953 年学生人数成为国家今后决定高中学生和大学生国家助学贷款财政预算比例的基数。
	爱知县支部开始在高中阶段导入预约申请制度。
	社会捐资资金所产生的利率开始用作国家贷款本金。
	对长期拖欠不还贷款者开始向毕业学校发放督促还款要求书。
1955 年	返还期到来预告制度实施。
	经营贷款返还业务的银行扩大为 18 个银行。
	开始实行工作单位还款制度。
1956 年	提高还款最低年额,高中生仍为 1000 日元,大学生则提高为 2000 日元。
	17 支部导入高中阶段预约申请制度。
	当年的还款可以充当当年国家助学贷款本金的制度确立。
	有关大学生国家贷款发放业务和银行签订合同。
1957 年	四年制本科学校(公立和私立)获资助候选人名单校内公布制度开始。
	大学和高中阶段预约申请制度恢复(一般贷款)。
	对于 5 年以上不履行还款义务者开始进行还款特别督导制度。
1958 年	日本育英会法第二次修订:创立特别贷款制度。
	制订特别贷款学生选拔标准。
	贷款返还开始全部通过银行转账进行。
	贷款月额由政令规定。
	提高返还最低年额,高中 2000 日元,大学 4000 日元。
	还款拖欠者的违约金改为每天 0.03%。

（续表）

时间	关 键 事 件
1959 年	高中阶段特别贷款学生开始实行通过全国统考进行选拔。
	大学国家学生贷款全部通过银行发放。
1960 年	大学阶段特别贷款学生开始实行通过全国统考进行选拔。
	8 个支部的高中阶段的国家学生贷款通过银行发放。
1961 年	日本育英会法第三次修订:扩大还款豁免者的职业,把在高中任职的教师也包括进去。
	所得税法修订:个人的捐款免税。
	高中阶段的国家学生贷款全部通过银行发放。
1962 年	文部省发布关于日本育英会贷款回收业务方法的省令:设立还款奖励和惩罚制度。
	修订后的国家贷款选拔标准(试行草案)开始实施。
	研究生阶段开始实施预约申请制度。
	为了对 9 年以上拖欠贷款不还者进行催促和采取法律手段,开始进行贷款者住址调查。
1963 年	研究生国家贷款选拔标准开始实施。
	修订后的国家贷款选拔标准开始实施。
1964 年	教育特奖国家助学贷款不通过考试,而通过地方教育委员会的推荐进行选拔。
	对于 9 名 9 年以上拖欠国家助学贷款者初次采取强制措施。
	还款奖励制度开始实施。
1965 年	日本育英会法第四次修订:把幼儿园教师作为还款豁免职业,国立养护学校学生资助制度开始。
	关于指定还款豁免职业的研究所的省令(采取申请制)正式实施。
	开始征收还款拖欠者的违约金。
1966 年	还款特别豁免手续的变化。
	还款请求书于各单位奖金发放期集中发送。

（续表）

时间	关 键 事 件
1967 年	使用能力开发研究所的考试题目选拔接受国家助学贷款资助学生。
	停止参加羽田集团暴力事件学生的国家助学贷款。
	编辑贷款返还手册,发放给明年结束贷款的学生。
1968 年	对参加学生运动的大学学生学习成绩提出期限采取特别措施。
1969 年	扩大教育类国家助学贷款的对象,把文部大臣指定的公私立大学教员养成学部也增加进去。
	20 所大学的 16600 名学生因为学习成绩不好被停止接受国家助学贷款资助。
1970 年	特别国家助学贷款的方式开始采取预约申请和在校申请的两种基本方式。
	废除学生选拔的全国统考方式,采取面试选拔方式。
1971 年	返还最低年额提高,高中为 6000 日元,大学为 12000 日元。
	贷款返还业务全面实行机械化处理。
1972 年	国家贷款章程修订:到外国互相承认学分的大学留学的学生,能够继续获得国家助学贷款。
	冲绳支部设立。
1973 年	开始面向冲绳县内的高中和高校的学生发放助学贷款。
1974 年	为了提高发放效率,对国家助学贷款发放的方式和程序等进行第一次官方调查。
1975 年	《研究生院设置基准》公布。
	国家贷款章程修订:具备一定条件的外国人也具有申请资格。
	提高贷款的月额,以高中和大学的在校生为对象。
1976 年	因身心疾病原因的特别还款豁免条件放缓。
	专修学校出现。
1977 年	返还最低年额变化,高中和大学都是 12000 日元。
	国公立大学开始实行入学统一考试。

（续表）

时间	关　键　事　件
1978 年	国家助学贷款的发放开始通过银行转账进行。
	各支部辖区内居住者的还款免除业务由各支部负责制度确立。
1979 年	贷款月额大幅度提高:高中、高专、大学、短大为 10000 日元,研究生、艺术专业、大学函授教育为 14000—17000 日元。
	高中特别贷款住宿生月额制度建立。
	专修学校学生为对象的助学贷款制度建立开始准备。
	日本育英会法部分修订。
1980 年	以专修学校学生为对象的国家助学贷款制度确立。
	经营贷款返还业务的银行范围扩大。
1981 年	日本育英会事业费总额超过 1000 亿日元。
	《放送大学学园法》公布。
1982 年	日本育英会法部分修订:整理有关身心障碍的用语。
	编著《国家助学贷款制度现状》一书,并出版发行。
1983 年	返还最低年额变化(适用于 83 年开始的贷款者),一律 20000 日元。
	日本国债发行量首次超过 1 百兆日元。
1984 年	日本育英会法全部修订并公布实施。
	以前的一般贷款和特别贷款合二为一成为第一种无息贷款,对第一种贷款制度进行改善和充实。
	新设立了第二种有利息贷款制度,资金来源于国家财政投资融资资金。
	临时教育审议会成立。
1985 年	日本放送大学学生成为资助对象。
	第二种助学贷款的回收业务开始。
	研究生秋季入学制度开始。
1986 年	建立回收不能债权的补偿制度。
	专修学校学生成为第一种助学贷款的资助对象。

（续表）

时间	关 键 事 件
1987 年	还款豁免必要条件的修订:最低工作 5 年,全额豁免原则上最低需要工作 15 年,研究生毕业后到小学校做教师可以获得豁免。
	文部省设立"教育改革实施本部"。
1988 年	业务系统更新,开始使用新型的自动化机械系统。
	高等教育改革的多种有关法案出台。
1989 年	教育职员助学贷款还款豁免的相关法律改订。
	《学校教育法》部分修订。
1990 年	研究生在学一年以上并获得学位者可以作为豁免的对象。
	国外大学生资助制度调查,主要调查美国。
1991 年	文部省设立"育英奖学研究会"。
	国外大学生资助制度调查,主要调查英国。
1992 年	研究生获得国家助学贷款的家庭收入标准的变化,从父母或抚养人的收入改变为自己的收入(含配偶收入)。
	国外大学生资助制度调查,主要调查法国。
1993 年	随着商法的修订日本育英会法部分修订。
	国外大学生资助制度调查,主要调查加拿大。
1994 年	以硕士研究生为对象的第二种有利息贷款制度建立。
	实施第五次国外大学生资助制度调查,主要调查美国和德国。
	应对阪神大地震,开展应急大学生贷款业务。
	外国大学生资助制度调查,美国和德国调查。
1995 年	能够选择按月还款额的分期还款方式的银行转账制度建立,在有息和无息贷款制度中同时实施,但经办金融机构限于邮政局。
	应对阪神大地震,开展应急大学生贷款业务。
	外国大学生资助制度调查,英国和法国调查。
1996 年	专修学校专门课程学生开始成为有息贷款的对象。
	还款转账制度的经办机构从邮政局扩大到银行。
	建设助学贷款信息网络。
	外国大学生资助制度调查。

(续表)

时间	关 键 事 件
1997 年	第一种贷款的利率(上限 3%)的制度化。
	私立大学兽医学专业的学生成为第二种奖学金增额贷款的对象。
	向大学、短大和高专通报该校毕业生拖欠还款的比例。
	日本育英会法部分修订。
	外国大学生资助制度调查,瑞典调查。
1998 年	导入还款拖欠债权管理制度,从次年逐渐实施。
	建立"学生资助事业运营协议会"。
	日本育英会法部分修订。
	还款拖欠管理体系建立,并逐步投入使用。
	外国大学生资助制度调查,英国调查。
1999 年	"希望 21 计划"国家助学贷款制度建立:资助规模扩大,贷款月额多样化以供学生自己选择,选拔标准灵活化和降低。
	紧急国家资助制度建立。
	第一种贷款提前还款奖励金额的变更。
	助学贷款咨询员制度建立。
	助学贷款债券发行的有关规则指定。
	第一种助学贷款提前还款的奖励率改革。
	外国大学生资助制度调查,美国调查。
2000 年	贷款回收采取法律手段的强化。
	第一种贷款获得者的成绩标准强化,对成绩不良者强化指导措施。
	废除《贷款手册》,发行《贷款指南》。
	强化贷款获得者的教育指导制度。
	助学贷款债券发行可行性研究报告。
	外国大学生资助制度调查,英国调查。
2001 年	第二种贷款的增额贷款的利率变更,由日本育英会确定。
	"希望 21 计划"国家资助制度资助对象的学生类型的扩大:博士研究生和高专的 4、5 年级学生。
	第一次日本育英债券发行。
	内阁决定着手开始特殊法人改革。

（续表）

时间	关　键　事　件
2002 年	国家助学贷款可以通过网上申请的方式进行。
	外国大学生资助制度调查。
2003 年	新生入学时特别增额贷款制度的确立（第二种贷款、30 万日元）。
	国会通过《独立行政法人日本学生志愿机构法》，该法公布，于明年生效。
	《国立大学法人法》公布。
	《独立行政法人国立高等专门学校法》公布。
2004 年	日本育英会统合于日本学生支援机构。
	研究生特别奖励还款豁免制度创立（从本年度硕士入学者开始）。
	机构担保制度建立。
2005 年	优秀学生表彰制度确立（资金来源于社会捐款）。
2006 年	研究生特别奖励还款豁免制度实施（2004 年入学本年度硕士毕业生）。
2007 年	从利率固定方式变为选择方式：在利率变动方式和固定方式中二者选一。
2008 年	对还款违约者惩罚措施的社会大讨论。
	政府最终放弃"公布还款违约率较高大学信息"的方案。
	国外大学生资助制度调查（法、德、英、美、加、澳等）。
2009 年	"贷款学生个人信息提供义务"规定的法律化。
2010 年	"还款违约者个人信息录入全国银行个人信用信息网"制度开始。

后　记

一

　　为专著写一些有些关联但不密切的题外话,有人喜欢写在前言里,有人则喜欢写在后记里。我属于总是喜欢写在后记里的那一类人。细细想来,其中原因不外如下:第一,性格使然。自小而大而至老今,总喜欢躲在角落里而不愿意位于中心,喜欢静静地看剧而不喜欢热烈地演剧;第二,唯恐打扰读者的思维。如果,这里说的是如果,也就是万一可能还有一些读者的话。这背后毫无疑问寄托着希望这本专著被人赏识的强烈潜意识。此普通人之本性也,所以,说出来也无须些顾忌;第三,题外话往往是一些悄悄话或私语,有时候甚至是"产后抑郁症"下而生的些许疯话。放在专著前面的显著地方,有些时候就会不合时宜。而且白纸黑字的,无法完全消除。事后一旦醒悟也只会更多地让自己汗颜,无法补救。说不定还会惹得自己持续多少天进入难堪的失眠模式。敏感如我,还是选择安静一点的方式为好。

不管是前言还是后记,说题外话也有其定式。原以为这千古不二之法式如瑰宝不会轻易传至华夏之外的蛮夷之地。但随着百多年来翻译过来的所谓学术名著的渐多,发现外国专著同样会感谢一、感谢二、感谢三地罗列一大群需要感谢的对象。此时才恍然大悟,金发碧眼白皮肤的研究者也是同样的一群人类动物。乐群者之心看来古今中外皆然也。就此而言,似无须寻找所谓的人类起源、文明传承、文化交融和最优发展途径等等。当然,这里绝不是在说当前的某些高深的科学研究无"真"而无用。我也愚也不敢也无此愿作此说。进而言之,大多数动物也是如此乐群。故人类与其他动物的实际差距也许并没想象的那么大。

既有定式,就有其合理之处。破之且难且须有十二分勇气。能够喊出"天变不足惧,人言不足恤,祖宗之法不足守"之豪言的,千古之下,唯王安石一人而已。所以,在非正式场合闲聊之时,有学心理学的朋友断言,王也许精神不正常。若极端地说,应属于精神病之类,说不定还是天生如此的典型而无从着手加以改良之类型。不过,千年之前的故人旧事,若按照现代科学之实证精神的指导原则,已确确实实无从可考,持异见者惟有存疑而已。尽管如此,我对王的直言勇气还是佩服得五体投地。有时候还禁不住天马行空地推测一番:王若有精神病也未必是天生的,极有可能是某些偶然的外界刺激综合影响的结果。恰如周树人笔下的狂人,也许是喝了漂洋过海而至的几滴洋墨水就此开眼,才大有一副"众人皆醉我独醒"的横世味道。其实,若认真思量,王也不过是说了几句符合客观的小小的大实话而已。不解众多后人何故对此大书特书,多有称道。另外,北宋屡被史学界誉为中国古史上政治最为开明之季,这是否又是读书人的痴人说梦式的自作多情也未可知。我非史家,姑存此疑。

言归正传,我只想在积习而成的如此严格的诸多定式之内说些非定式的实在话。第一,成书过程;第二,个人感悟;第三,诸多感谢。

二

本书以日本国家助学贷款制度为对象,试图从理论上发现提升高等教育公平水平的可能途径。二十多年来,我一直研究(使用"研究"一词,略感惭愧,"用心感受"一词也许更符合实情)高等教育公平问题。关注的核心为大学生资助对高等教育公平的提升效果和最优途径。其中,核心之核心则在于国家助学贷款制度的效果优化方略的选择。本书就是这个长期的学术探索过程的阶段性成果之一。既然是阶段性的成果,理所当然就有前期成果。所以,首先必须说明本书与前期成果之间的一些联系。至少我个人主观上认为应当如此。

本书大量吸收了我的一本已经出版的专著和诸多公开发表的原创论文中的研究成果。在这个意义上,这是一本不折不扣的自我"抄袭"之作。然而,与以前的同领域的自己的研究成果(尤其是自己的那本同类专著)相比,本书自诩还是有很多创新之处。创新不仅体现在观察角度上,还体现在对先前的分析结果的综合处理上,更体现在对数据的深度挖掘上。

在观察角度的选择上,与前书相比,本书不再遍地撒网,而是集中于国家助学贷款制度体系中的资金筹措、资金方法和资金回收三个核心点上;在结果处理的综合性上,与前书相比,不同的研究结论之间的联系网络布局得更为紧密,综合程度也就更高了;在数据分析的方法上,本书尽量以前书的数据描述为基础,并及时和合理地添加必要的新数据。同时,注重既有数据的深度挖掘,争取从数据及其数量结构的背后发现本质规律。

三

在研究过程中,有很多关于研究规范的零星感悟,不得不在此细细表述一番。其中最如骨鲠在喉和尤欲一吐为快的是,关于学术著作的参考文献的标注问题。

参考文献的标注有很多种方法。在这一点上,中外学界同中有异。这里想说一说一点不同之处。比如,对于所引用的专著,我国要求要标注到具体引用的页数。有时候,这是比较甚至可以说是非常困难的一件事情。学术引用有很多种形式。从引用与被引文的形似程度的角度来分,约略可以分为:

逐字逐句照抄、基本思想引用和化用等三种。我相对比较喜欢"化用"这一种形式。所谓"化用",顾名思义,就是消化后使用。详细地说来,就是我觉得自己理解了,并把它归入自己的思想体系之内。然后,在自己写文章的时候,把它在合适的地方用合适的形式表达出来。"化用"之引用形式很难指明被引处在原书的哪一页。

当然,我国的这个写作要求的出台应该有其特殊的时代背景。个人在这里大胆推测,它的本意应该是避免有些人在论文中不负责任地胡言乱语或直接便当地把前人思想据为己有。在个人记忆中,二十多年前,我国的不少学术著作中,很少注明参考文献。即使某些著作有些参考文献,其中的一部分还属于要么语焉不详要么走走形式摆摆样子的程度。在这种情况下,设定某种制度来规范一下引用行为,似对学术发展而言大有必要。至于标注规定中不列入"化用"这一引用形式,大约也有特定的时代原因,今日恐怕也不能全盘否定。"化用"的学术内涵当为"义引"。"义引"不当则成"义淫"。"义淫"其实就是无凭据地信口开河。

然而,物极似乎总至必反之地。最近的有些所谓学术杂志上,即使一篇非常感想式的教育类总结小文也须弄上几个看似高深的参考文献。最好还是外文,而且英文最佳。那些肩负学术著作大纛的著作更是令人生畏,一篇 8 千至 1 万字左右的短文总要弄 20 到 50 个参考文献,罗列多达 70 甚至 80 个参考文献的奇葩之文也不少见。似乎没有了这些参考文献前来撑腰就不能称为高档次的学术论文。这是否也从一个侧面反映了某些作者和编者的学术底气不足呢？但是，这些总让人有狗尾续貂的强烈感受。尤其是当看到自己熟悉的文献被如此不恰当地引用的时候。忍不住就想说，好好读读，理解理解，再适当引用好不好？这样的引用就偏离了强化科学考据的政府规定的最初主旨了。

本书实际上对参考专著的"化用"形式使用过多，最终致使有些引用无法按规定具体一一标出。但是，又特别不想窃据先贤思想为己有——此乃不折不扣的抄袭。因此，就把这些专著的有关信息详细列在了书后的参考文献目录里，以示衷心感谢。特此说明。

四

在本书的顺利成书和终将成功出版之际，最需要致谢的几个单位和个人依次如下。

首先是国家，具体说是教育部，再具体说是教育部下分管人文社科研究的部门。本课题研究受到教育部 2012 年人文社科规划基金一般项目的资金支持。在此之前，我数度申请各级各类的纵向科研项目而皆名落孙山。自兹对坊间科研项目申请之水深不可测的种种传言的相信逐日加深。与此同时，也就渐渐放弃了申请纵向科研项目之心。然而，身在曹营不能不作曹家的例行公事，所以，每年还是照旧提交课题申请文书。不过，心情使然，撰写课题申请时就对所谓的现实热点、科研前沿和政策需求少了几分关心,仅仅根据自己的学术积累和研究兴趣选报了目前的这个课题。当接到学校社科处通知的那一刻,我真不敢相信这会是真的。事后细细思量,看来,坊间传言不管多逼真,总不可轻信。自己身上有没有点真家伙才既是基础又是起点。不过,奇怪的是,何以人们总是容易相信坊间而轻信官方? 然而,据权威专家研究结果证实,此乃古今中外皆然之事,惟程度略有不同而已。

其次是华东师大教育学部诸领导,具体以学部党委书记汪海萍教授为代表。二千多年前,子曰"五十而知天命"。虽然这是子之慨叹还是子之顿悟今日已不可考,但是若把它与我的个人经历相印证,就发现这句话却是大实话,大约百分百合乎人之常情。随着个人年龄悄无声息地增长,我越来越强烈地相信大学教师的天职还在教书这件事情上。在这一点上,大学教师与小学教师其实并无二致。不过,二者不同的一点是,大学教师要先读且时时读很多别人不读的专业书籍才行。所以,慢慢地我的时间就越来越多地分配给了读书。就连这来之不易的这个纵向课题看似也有不能结题的危险了。但更危险的是,我自己并没有十分意识到。在一次闲聊中,汪老师认真而又诚恳地对我说:"徐老师,你该打自己几板子,好好反省一下了。不要无缘故地放松了自己。"我突然间意识到自己的思想近期有些跑偏了。猛醒之下,三下五除二,忙乎一阵子,本书很快就成稿出版。同时,投入撰写论文的时间也逐渐多了起来。万幸不万幸之评价暂且不提,先要对汪老师说声谢谢,因为她是位真诚的共产党员和单位领导。

最后是上海三联书店,具体说是上海三联书店的钱震华编辑。在联系上海三联书店之前,一位出版界的朋友好心帮助联系了一个不仅上且大且高的著名出版社。不曾想,专著竟然被该出版社以选题太偏太专而断然拒绝。当时着实伤心,本来就是因为选题太专才选择那个出版社的。同时也有点意外。看来最近出版社不管名气如何,恐怕也逐渐都变得如同我们人类,首先要看专著的颜值如何,至少偏爱年轻或容易走红的面孔。不过,这位朋友确实古道热肠,紧接着连忙帮我联系上海三联书店的钱震华编辑。钱编辑看完专著的简介后很快就应承出版。伤心之余的感激程度之强烈可想而知了。

另外,再补充一句。我对古色古香而又新书迭出的上海三联书店打心底一向怀有敬意。事后反思,觉得出书竟然也如谈恋爱,单相思是要不得的。而且,有红娘存在的传统恋爱模式中,拉郎配在所难免。就像这次经历,如果那位朋友先帮我联系上海三联书店就好了。上海三联书店的学术名气丝毫不在那家拒我于千里之外的出版社之下。而且,这样,我也省却了那番本不该有的无端伤心。

是为记。

2016 年仲夏

于浦江之滨

徐国兴

图书在版编目(CIP)数据

日本国家助学贷款制度的嬗变:1943—2010/徐国兴著.

—上海:上海三联书店,2016.

ISBN 978 - 7 - 5426 - 5743 - 5

Ⅰ.①日⋯ Ⅱ.①徐⋯ Ⅲ.①高等教育—贷款—研究—日本—1943—2010

Ⅳ.①F833.134

中国版本图书馆 CIP 数据核字(2016)第 262401 号

日本国家助学贷款制度的嬗变(1943—2010)

著　　者　徐国兴

责任编辑　钱震华

装帧设计　汪要军

出版发行　上海三联书店

　　　　　(201199)中国上海市都市路 4855 号

　　　　　http://www.sjpc1932.com

　　　　　E-mail:shsanlian@yahoo.com.cn

印　　刷　江苏常熟东张印刷有限公司

版　　次　2016 年 11 月第 1 版

印　　次　2016 年 11 月第 1 次印刷

开　　本　787×1092　1/16

字　　数　162 千字

印　　张　16.25

书　　号　ISBN 978 - 7 - 5426 - 5743 - 5/F · 751

定　　价　42.00 元